공정과 정의

월명 지음

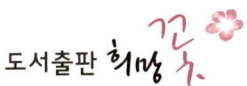
도서출판 희망꽃

공정과 정의

책을 내며

공정과 정의, 우리가 원하는 대한민국 만들기의 기본 덕목인가.

반만년의 역사를 잇고 이어 온 우리 민족이 터를 잡고 사는 삼천리 금수강산. 이 삶의 터전인 우리나라 대한민국을 어떻게 지켜서 후대에 물려주는 것이 옳은 일인지를 한 번쯤 생각해 보게 하는 노래가 있다.

'하늘은 높고 푸르며 땅은 깊고 기름진 나라/ 하늘 아래 가장 아름다운 나라/ 서로서로 도우며 평화를 전하는 나라/ 하늘 아래 가장 자비로운 나라/ 사람을 널리 이롭게 하며 자연 사랑하는 나라/…'

임동창 씨가 작사하고 곡도 얹은 '우리가 원하는 우리나라'다. 임동창 씨는 이 노래를 백범 김구 선생의 '우리가 원하는 우리나라'에서 모티브를 얻어 왔다고 한다. '하늘 아래 가장 아름다운 나라', '서로서로 도우며 평화를 전하는 나라', '하늘 아래 가장 자비로운 나라', '사람을 널리 이롭게 하며 자연 사랑하는 나라'….

대한민국 국민이 원하는 우리나라는 어떤 나라일까.

어쩌면 임동창 씨가 작사·작곡한 노래 '우리가 원하는 우리나라'에 담아 놓은 가사의 내용과 어느 정도 맥이 닿지 않을는지.

어떤 시대를 관통하는 하나의 절대적인 정신이 있다. 그것을 일컬어 시대정신이라고 한다.

지난 2016년 하반기, 광화문광장으로 몰려든 국민은 촛불을 들고 박근혜 정권의 국정농단을 규탄하며 정권 퇴진운동을 벌였다. 급기야 박근혜 대통령은 탄핵 됐다. 박근혜 정권 탄핵 정국에서 국민은 외쳤다. "이게 나라냐?"고. 임기를 다 채우지 못한 채 물러난 박근혜 정권에 이어 들어선 문재인 정권은 '나라다운 나라'를 만들겠다고 공언했다.

문재인 정권 탄생 후, '공정하고 정의로운 나라'는 대한민국의 시대정신으로 자리 잡았다. 국민은 공정을 염원하고 정의로운 권력을 갈망한다. 이러한 저간의 사정을 감안해 공정과 정의는 우리가 원하는 우리나라 만들기의 기본 덕목이라고 전제해 본다. 이런 전제하에 공정과 정의의 철학적 의미는 무엇인지를 알아보고, 공정하고 정의로운 나라 건설의 길을 세종대왕 등 역사 인물의 삶과 정신 속에서 찾아보려 한다.

작가 월명

차례

책을 내며 • 004

Part 1 공정이란 무엇인가?

01 공정의 사전적 의미 • 012

02 서양철학의 공정론 • 014

03 동양철학의 공정론 • 018

04 정의의 여신상과 공정 • 023

Part 2 정의란 무엇인가?

05 정의의 사전적 의미 • 028

06 고대 서양철학의 정의론 • 031

07 현대 서양철학의 정의론 • 035

08 마이클 샌델의 '정의란 무엇인가' • 039

09 동양철학의 정의론 • 043

10 노자의 '도덕경' • 049

Part 3 한비자의 공정과 정의

11 한비자는 누구? • 060
12 한비자는 어떤 책? • 065
13 상앙의 '법치(法治)' • 070
14 신불해의 '술치(術治)' • 075
15 신도의 '세치(勢治)' • 078
16 순자의 제자 한비자와 이사 • 080
17 '동양의 마키아벨리' 한비자 • 087
18 한비자의 법치론과 술치론 • 091
19 진시황과 오두, 그리고 법가사상 • 095
20 공과 사는 구분하라! • 104
21 법은 사람에게 아부하지 않는다! • 106
22 공평하려면 금령을 지켜라! • 108

차례

Part 4 세종대왕의 공정과 정의

23 백성은 나라의 근본 • 112
24 백성과 소통하다 • 117
25 노비도 신문고를 두드리라 • 121
26 죄수의 인권을 보호하라 • 124
27 집현전의 부활 • 131
28 공정한 법 제정 위해 찬반투표 실시 • 134
29 거리낌없이 직언하라 • 138
30 훈민정음에 담긴 애민사상 • 140
31 훈민정음 창제의 조력자, 정의공주와 광평대군 • 144
32 영화 '나랏말싸미'의 훈민정음 • 154
33 소설 '우국이세'의 훈민정음 • 157

Part 5 정조대왕의 공정과 정의

34 암살 위협에 시달린 정조 • 184
35 정적과 손 잡은 뛰어난 전략가 • 188
36 화성 쌓은 백성들에게 임금 지불 • 191

37 백성의 소리를 직접 듣는 격쟁 • 196
38 개혁 정치의 산실 규장각 • 200
39 공노비 폐지 기초 닦아 • 204
40 금난전권 폐지하다 • 206
41 탕평책을 계승·발전시키다 • 210

Part 6 다산 정약용의 공정과 정의

42 불멸의 실학자 다산 정약용 • 218
43 제도개혁안 '경세유표' • 221
44 관료 윤리지침서 '목민심서' • 224
45 다산의 정의론 '흠흠신서' • 226

Part 7 우리가 원하는 공정하고 정의로운 나라

46 반칙과 특권이 발붙일 수 없는 나라 • 232
47 개천에서도 용이 나오는 나라 • 235
48 높은 문화의 힘이 있는 나라 • 238

1

공정과 정의

공정이란 무엇인가?

01 공정의 사전적 의미 · · · · · · · · · 012
02 서양철학의 공정론 · · · · · · · · · 014
03 동양철학의 공정론 · · · · · · · · · 018
04 정의의 여신상과 공정 · · · · · · · · 023

01

공정의 사전적 의미

 어떤 단어 즉, 하나의 낱말이 지니고 있는 가장 기본적이고 객관적인 의미를 사전적 의미라고 한다. 어떤 단어를 귀로 듣거나 눈으로 보았을 때, 가장 먼저 떠오르는 의미가 바로 사전적 의미다.

 '사람'의 사전적 의미는 이렇다. '생각을 하고 언어를 사용하며, 도구를 만들어 쓰고 사회를 이루어 사는 동물'을 뜻한다.

 '동물'의 사전적 의미는 '사람을 제외한 길짐승, 날짐승, 물짐승 따위를 통틀어 이르는 말'이다.

 그렇다면 '공정'의 사전적 의미는 무엇일까.

 '공정(公正)'의 사전적 의미는 '공평하고 올바름'이다. 여기서 다시 한번 사전적 의미를 따져 볼 단어가 있다. 그렇다. 바로 '공평'이라는 단어다.

'공평(公平)'의 사전적 의미는 '어느 쪽으로도 치우치지 않고 고름'이다.

이러한 사실을 바탕으로 '공정(公正)'의 사전적 의미를 종합적으로 풀이하면 어떤 의미가 나올까.

사전적 의미의 '공정(公正)'이란 '어느 쪽으로도 치우치지 않고 고른 올바름'이라고 정의하는 것이 옳지 않을까.

복싱, 레슬링, 유도, 태권도 등 오늘날 올림픽의 투기 종목엔 체급이 있다. 체격의 차이를 인정해 체급별로 경기를 치러 자웅을 겨룬다.

'공평하다'는 말은 분명 '공정하다'는 말과 뜻이 다르다. 오늘날의 투기 종목처럼 체격의 차이를 인정하고 체급별로 경기를 치르게 하는 것은 '공평하다'고 할 수 있다.

반면, '공정하다'는 것은 체급별 투기 종목에 출전한 선수들이 약속된 규칙을 잘 지킬 때 쓰는 말이다. 이렇듯 '공정'은 '공평'과 엄밀한 쓰임의 차이가 있다는 점도 기억해 둘 대목이다.

02

서양철학의 공정론

'어느 쪽으로도 치우치지 않고 고른 올바름'이라고 사전적 의미를 나름 정의를 해 본 '공정(公正)'. 이 공정에 대해서 인류의 철학사를 빛낸 철학자들은 어떤 정의를 해두었을까.

아리스토텔레스(Aristoteles). 고대 그리스의 철학자다. BC 384년 트라키아의 스타게이로스에서 태어난 그는 BC 322년까지 살았다. 그는 여러 학문을 집대성한 인물로 특히 과학의 여러 기초를 세우고 논리학을 창시했다.

아리스토텔레스의 저서 중엔 '니코마코스 윤리학'이 있다. 이 책은 아리스토텔레스의 대표적인 윤리철학서다. 니코마코스는 아리스토텔레스의 아들이다. '니코마코스 윤리학'은 아리스토텔레스가 그의 아들 니코마코스에게 들려준 이야기를 담고 있다. 이 책의 출발선은 행복한 삶이 인생의 목적이라는 상식에

라파엘로의 '아테네 학당' / 1509
중앙에 위치한 두 사람이 플라톤(왼쪽)과 아리스토텔레스(오른쪽)이다.

걸쳐 있다. 아리스토텔레스는 이 책을 통해 인간이 추구하는 최고선은 행복이라고 설파했다.

아리스토텔레스의 '니코마코스 윤리학'엔 시정적 정의와 분배적 정의 등 정의론이 담겨 있다. 그가 언급한 시정적 정의란 사회에 피해를 입힌 행위자에 대한 처벌과 배상의 정당성 등이 결정된 이후에 왜곡된 부분을 시정해 균등하게 만들어 낸다는 이론이다. 분배적 정의란 국가 공동체를 구성하는 각 개인들에게 가치에 비례해 재산을 공정하게 분배해야 된다는 이론이다. 이런 정의론을 제시하면서도 아리스토텔레스는 공정론을 언급한 적 없다. 이렇듯 고대 철학자들은 특별한 공정론을 정립하지 않았다. 다만 정의론에 공정이라는 개념을 포함시켰을 뿐이다.

존 롤스(John Rawls). 1921년 미국 볼티모어에서 태어난 정치철학자다. 그의 대표이론은 자유주의이고, 대표적인 저서는 정의론이다.

1950년 프린스턴 대학교에서 철학박사 학위를 받은 롤스는 코넬 대학과 매사추세츠 공대(MIT)에서 교수를 역임했다. 1962년에는 하버드 대학교 철학과 교수가 되었다. 지난 2002년 사망한 롤스는 20세기 미국의 대표적인 정치 철학자이자 도덕 철학자다. 그는 1958년 '공정으로서의 정의'라는 논문을 발표 한 바 있다. 그 이후 정의의 문제를 다룬 여러 논문을 발표했다. 그의 연구는 1971년 '정의론'을 펴냄으로써 결실을 맺었다.

인류의 철학사에서 공정론을 처음 언급한 철학자는 롤스로 알려져 있다. 1970년대 초반 그의 '정의론'이 나오면서 공정이라는 개념이 세상의 햇빛을 처음 보게 되었다.

롤스는 공정한 세상을 만드는 원칙을 만들었다. 그의 공정론은 개인의 자율과 책임을 기본으로 삼고 있다. 이런 기본 위에서 국가나 사회 구성원들이 인격에 대한 대우를 받을 때도 공평하고 행복과 이익을 나눌 때도 어느 쪽으로도 치우치지 않아야 된다는 것이 롤스가 주창한 공정론의 핵심이라 여겨진다.

롤스는 '부나 자유, 기회 및 자존심을 공정하게 배분하는 것이 정의'라고 했다.

03

동양철학의 공정론

　서양철학사에서 공정의 개념이 처음 등장한 시점은 1971년이다. 존 롤스가 정립한 이론인 '정의론'에서다.
　사실 롤스가 '공정으로서의 정의'라는 논문을 발표한 것은 1958년이다. 이 논문이 발표된 뒤 14년 만에 출판된 롤스의 저서 '정의론'에서 바야흐로 체계가 잡힌 공정론이 세상에 태어난 것이다.
　롤스의 저서 정의론은 1971년 초판 출간 후 전 세계 26개 언어로 번역되었다. 이 책의 이름은 '타임'이 선정한 '20세기 최고의 책 100선'에 올라 있다.
　롤스는 정의론을 '평등한 자유'와 '차등'의 두 원칙으로 구성했다. 그러면서 이 책을 통해 '공정한 세상'을 만들기 위한 실천적 지혜를 제시했다. 롤스가 말하고자 했던 정의는 '공정한 세상을 만드는 원칙'이라고 규정지을 수 있다.

서양의 철학자들이 이렇게 철학적 공정론을 정립하기까지 2천 여 년의 세월이 소비되었다. 아리스토텔레스의 스승은 플라톤이라고 알려져 있다. 플라톤은 소크라테스의 제자다.

BC 470년에 탄생한 소크라테스는 아테네에 살면서 많은 제자들을 교육시켰다. 플라톤도 그 제자 중 한 명이었다.

소크라테스, 플라톤, 아리스토텔레스는 고대 그리스 철학의 전성기를 이룩한 인물들이다. 이들이 살았던 시기는 BC 4~5세기 경이다. 존 롤스는 20세기에 태어나 21세기 사망했다. 그렇게 따져보자니 서양철학사에서 공정론이 정립되기까지는 2000년 이상이 걸린 셈이다. 그렇다면 동양의 철학자 중엔 공정론을 정립한 사람이 없을까.

공자(孔子). 동아시아 인문주의의 원형이 된 고대 중국사상의 중심인물이다. 그는 BC 551년 태어나 BC 479년 세상을 떠났다. 출생연도를 따져보면 소크라테스 보다 1세기 먼저 태어났다.

중국 춘추시대의 사상가인 공자와 그 제자들의 언행을 기록한 유교경전이 논어다. 혹자는 논어를 공정성과 정의 등을 정면으로 다룬 공공철학의 고전이라고 평가한다.

논어엔 이런 문장이 있다. '국유가자 불환과이환불균(國有家者 不患寡而患不均)'. '나라를 다스리는 자는 적은 것을 걱정 말고 고르지 못한 것을 걱정해야 한다'는 뜻이다. 공자 역시 공정을 군주가 갖추어야 될 중요한 덕목으로 보았던 모양이다. 군주가 불공정하면 백성이 가난하고, 군주가 공정하면 백성이 가난을 면한다고 보았다.

논어의 주인공인 공자에겐 손자가 있었다. 그의 이름은 자사다. 자사가 남겼다고 전해 오는 위대한 책이 중용(中庸)이다.

자사의 저서 중용은 사서(四書)의 하나로 동양철학의 중요한 개념을 담고 있다. 오늘날까지 전해지는 중용은 오경(五經)의 하나인 '예기(禮記)'에 있는 '중용편(中庸篇)'이다. 이 책은 송나라 때 단행본으로 탄생했다. 이후 '대학(大學)', '논어(論語)', '맹자(孟子)'와 함께 사서로 불리고 있다.

중용의 사전적 의미가 몇 가지 있다. 그 가운데 하나는 '지나치거나 모자라지 아니하고 한쪽으로 치우치지도 아니한, 떳떳하며 변함이 없는 상태나 정도'를 뜻한다.

'지나치거나 모자라지 아니하고 한쪽으로 치우치지도 아니한, 떳떳하며 변함이 없는 상태나 정도'라는 사전적 의미를 갖고 있는 중용.

'어느 쪽으로도 치우치지 않고 고른 올바름'이라는 사전적 의미를 갖고 있는 공정.

중용과 공정이라는 단어의 사전적 의미를 비교해 보면 별반

차이가 없다. 이런 관점에서 헤아려 본다면 공자의 손자 자사의 저술인 중용은 동양철학사에서 공정론을 가장 먼저 정립한 책이 아닐까.

자사는 BC 492년에 태어나 BC 431년경에 사망했다. 그가 쓴 중용을 동양철학사 최초의 공정론이라고 규정할 수만 있다면 동양의 공정론은 서양의 공정론 보다 약 2000년 먼저 세상에 태어난 셈이 된다.

서양철학사에 공정론을 가장 먼저 내놓은 사람은 존 롤스로 알려져 있다. 그가 공정론을 담은 '정의론'이라는 책을 펴낸 것은 1971년이다.

물론 이는 '내 논에 물 대기식'의 억지주장인 줄 안다. 그렇지만 지금으로부터 2,400여 년 전에 정립된 동양의 중용사상의 위대함을 저평가해서는 결코 안 될 것이다.

서울대 종교학과 배철현 교수는 지난 2017년 9월 23일 한국일보에 중용과 관련된 글을 투고했다. 배철현 교수가 투고한 글은 연재물로 '카타르시스, 배철현의 비극읽기'28회다. 글의 큰 제목은 '정의란 분노가 아니라 중용이다'였다.

'한 개인이나 국가가 추구해야 될 이상적인 삶의 철학은 무엇인가? 몇몇 동서양 사상가들은 많은 사상 가운데 중용을 으뜸으로 뽑는다. 중용이란 타인의 기준에서 보기에 괜찮고, 자신이 홀로 거울 앞에 서서 스스로를 응시했을 때, 자신에게 감동적인 상태를 이르는 용어다.'

이렇게 시작된 글에서 배철현 교수는 '중은 천하의 바른 길이요, 용은 천하의 정해진 이치다'라는 주자의 해석을 소개하며 '중용의 삶은 서양 윤리의 근간이다'라고 언급하기도 했다.

서양인이든, 동양인이든 그 어떤 사람도 요람에서 무덤까지 정치인으로부터 자유로울 수 없다. 동서고금의 윤리를 떠받들고 있는 중용사상을 망각하고 불공정한 일들을 일삼는 정치인은 사회와 국가의 질서를 붕괴시킬 가능성이 크다. 이러한 이유 때문에 중용사상 등 유교적 덕성이 가장 요구되는 사람이 다름 아닌 정치인이라고 말하는 것이다.

중용은 '지나치지도 모자라지도 않는 보편적 공정성'을 의미한다. 이런 의미를 갖고 있기에 중용을 동양철학의 공정론이라 언급하는 것이 어줍잖은 억지는 아닐 듯 하다.

04

정의의 여신상과 공정

전 세계의 많은 법원에는 눈을 가린 채 손에 저울을 들고 있는 여신상이 있다. 여신상의 명칭은 '정의의 여신상'이고 손에 들고 있는 저울은 '천칭'이다.

법의 여신상이라고도 불리는 정의의 여신상은 보통 눈을 감거나 안대로 눈을 가리고 있다. 이렇게 눈이 먼 맹인으로 묘사하는 것은 정의와 불의의 판정에 있어 사사로움을 떠나 공평성을 유지해야 한다는 상징이다.

정의의 여신상이 왼손에 들고 있는 천칭은 가운데 세운 줏대의 가로장 양끝에 저울판을 달고, 한쪽에는 달 물건을, 다른 한쪽에는 추를 놓아서 평평하게 함으로써 물건의 무게를 다는 저울이다. 저울은 엄정한 정의의 기준을 상징한다.

정의의 여신상이 오른손에 들고 있는 칼도 특별한 상징성이 있다. 칼은 천칭의 엄정한 정의의 기준에 의거한 판정에 따라 정의를 실현하기 위한 힘을 상징한다.

이런 정의의 여신상의 모델은 고대 신화의 여신들이다. 디케(Dike), 아스트라이아(Astraea) 등의 여신을 모델로 삼고 있다.

아스트라이어는 법과 정의의 여신으로 통한다. 그리스 신화에 나오는 법과 정의의 여신 아스트라이어는 인간 세상에서 재판을 할 때, 주관성을 버리겠다는 뜻으로 눈을 헝겊으로 가렸다.

서구에서는 법과 정의의 여신들을 형상화한 '정의의 여신상'을 법의 상징물로 여겨 법원, 시청, 광장 등지에 세웠다. 그런데 이 정의의 여신상은 시대와 각국의 사정에 따라 여러 형태로 변형됐다.

우리나라 대법원에 서 있는 정의의 여신상은 그리스신화나 로마신화에 나오는 여신의 모습이 아니다. 얼굴은 한국 여인의 형상이고, 한국 고유의 전통적인 의복인 한복을 입고 있다. 안대로 눈도 가리지 않았고, 손엔 칼 대신 법전을 들고 있다.

어찌 되었거나 우리나라 대법원의 정의의 여신상도 '공평이 없는 재판에서는 정의가 실현될 수 없음'을 상징한다.

우리나라 판사들이 법정에서 입는 법복은 검정색이다. 이렇게 판사들의 법복색깔이 검정색인 특별한 이유도 있다. 검정색은 어떤 색깔에도 쉽게 침범 당하지 않는다고 한다. 그뿐 아니라 어떤 색깔에도 오염되지 않는다고 한다. 이런 상징성을 담아

「정의의 여신상」

 판사들의 법복이 검정색이라는데, 그 검정색 안에는 공정함, 권위, 책임 등의 엄격함이 담겨 있다고 한다.
 법과 정의가 한 치의 오차도 없는 공정성에 의해서 구현될 때 사회의 질서가 잡히고, 국가의 규율과 법도가 바로 선다. 아직도 우리 사회가 어수선하고 국가의 규율과 법도가 엄격하지 않은 이유는 무엇일까. 한 치의 오차도 없는 공정성으로 법과 정의를 집행하는 사람이 그리 많지 않은 탓 일까.

2

공정과 정의

정의란 무엇인가?

05 정의의 사전적 의미 · · · · · · · · · 028
06 고대 서양철학의 정의론 · · · · · · · · 031
07 현대 서양철학의 정의론 · · · · · · · · 035
08 마이클 샌델의 '정의란 무엇인가' · · · · · 039
09 동양철학의 정의론 · · · · · · · · · 043
10 노자의 '도덕경' · · · · · · · · · · 049

05

정의의 사전적 의미

"난 공정한 사람이다".

"난 정의로운 사람이다".

사람들은 이렇게 자신이 공정하고, 정의롭다고 얘기할 수 있다. 그러나 어떤 삶이 공정하고 정의로운 삶인지 알기 쉽게 설명할 수 있는 사람은 거의 없다. 물론 자기 스스로 공정하고 정의롭다고 말하는 사람을, 우리가 공정한 사람이고 정의로운 사람이라고 인정하기도 힘든 게 사실이다.

이념과 가치는 인간에게 꼭 필요하다. 그런데 그 이념과 가치는 늘 개인의 가치관에 깊은 뿌리를 두고 있다. 해서 개인의 가치관과 다른 그 어떤 고차원적인 이념이나 가치에도 쉽게 흔들리지 않는다. 이 때문에 대부분의 사람들은 각자 자신이 공정하고 자신이 정의롭다고 확신하는 것이다.

하늘을 우러러 한 점 부끄럼 없이 살기가 힘든 것처럼 긴긴 인생을 살면서 늘 공정하고 정의롭게 살기란 여간 어려운 일이 아니다. 그렇기에 공정하고 정의로운 삶을 살기 위한 기본적인 지식을 터득하고 실천적인 방법을 찾으려고 노력하는 것이 사람 된 도리가 아닌가 싶다.

정의(正義). 이성적 존재인 인간이 언제 어디서나 추구하고자 하는 바르고 곧은 것을 뜻한다. 이런 정의의 개념은 아주 다양하다. 학자에 따라 다르게 해석된다.

정의라는 단어의 사전적 의미는 몇 가지 있다. '진리에 맞는 올바른 도리', '바른 의의(意義)', '철학 - 개인 간의 올바른 도리. 또는 사회를 구성하고 유지하는 공정한 도리', '철학 - 플라톤의 철학에서, 지혜·용기·절제의 완전한 조화를 이르는 말' 등이다.

정의에 대한 네 가지의 사전적 의미 가운데 자연스럽게 시선이 머무는 지점이 어디인가.

공정과 정의를 논하는 입장에서 보면 세 번째 사전적 의미다. 바로 '철학 - 개인 간의 올바른 도리. 또는 사회를 구성하고 유지하는 공정한 도리'라는 의미다.

정의의 사전적 의미를 파악하노라면 한 가지 특이한 점이 눈에 띈다. 정의의 사전적 의미 세 번째의 말미에서 거론되는 '공정한 도리'다.

이 문구에 따르면 정의의 출발점에 서 있는 여러 가지 덕목 중엔 공정도 포함돼 있다. 공정하지 못하면 결국 정의로울 수 없다는 얘기다.

 우리 민족은 유구한 세월 동안 유교문화 속에서 살았다. 이런 전통 때문인지 한국인은 정의를 매우 중요하게 여긴다. 어떨 때는 자기 목숨 보다도 소중하게 여긴다. 아주 사소한 일일지라도 자신이 공정하지 못한 일을 당했다고 판단하면 금세 발끈한다. 자신의 판단에 눈앞의 일이 불공정하고 정의로운 일이라는 판단이 서면 목숨을 걸고 덤비기도 한다. 불공정 앞에서 분노하고, 정의 앞에서 살신성인하는 민족성은 우리네 후손들도 면면히 이어갈 것이다.

06

고대 서양철학의 정의론

　서양인들이 인류 역사상 최초이자 최고의 서사시를 지은 시인으로 꼽는 인물이 있다. 그 시인의 이름은 호메로스(Homeros)다.

　호메로스는 BC 800년 경에 태어나 BC 750년경 이승을 떠난 것으로 알려져 있다. 그는 고대 그리스의 작가이며, 서사시 '일리아스'와 '오디세이아'의 저자다. 전해오는 바에 따르면, 그는 시각장애인 음유시인이라고도 한다.

　하지만 그의 생몰연도와 그의 신분, 그의 작품, 그의 신상 등은 사실이 아닌 전설이라는 주장도 있다. 그가 저술했다는 서사시 '일리아스'와 '오디세이아'만큼이나 오랜 세월 구전되어 온 이야기일 뿐이라는 얘기다.

　BC 8세기, 호메로스와 함께 동시대를 살며 어깨를 나란히 한 그리스의 대표적 서사시인이 있다. 헤시오도스(Hesiodos)다.

헤시오도스는 호메로스와 달리 발자취가 선명하고 저작물의 실체도 분명하다. 호메로스는 짙은 안개 속에 싸여 자주 그 실재(實在)조차 의심받는 반면, 헤시오도스는 역사적 실제 인물이었음이 확실하다.

헤시오도스의 대표작은 '일과 날', '신통기' 등이다.

오늘날 고대의 정의론을 탐구하는 사람들이 헤시오도스를 주목하는 이유는 다름 아니다. 그가 인류 역사상 최초로 '정의'라는 추상명사를 사용한 인물이기 때문이다.

'인간에게는 제우스가 정의를 내린-이것보다 더 나은 선한 것은 없다'

헤시오도스가 '업무와 일'이라는 작품에서 언급한 문장이다. 이렇게 헤시오도스는 정의의 절대성에 대한 신앙을 주창한 인물로 알려져 있다.

BC 8세기는 동양에서 공자가 태어나기 전이다. 그런 시기에 그리스의 대표적 서사시인 헤시오도스는 '정의'라는 단어의 존재의미를 설정했던 것이다.

헤시오도스 사후, 그리스의 철학자들은 '정의란 무엇인가'를 두고 격한 논쟁을 벌였다. 그런 논쟁 기간은 매우 길었다.

'너 자신을 알라'는 말을 기초로 영혼에 대해 깊이 생각하면서 삶의 온당한 방법을 지식의 목적이라고 강조한 소크라테스는 BC 4~5세기경 그리스의 유물론적 자연철학에 대립했다. 그는 도덕적 행위를 추구했다. 그가 말한 정의는 '인간의 선한 본성'이다.

'정의란 무엇인가'를 본격적으로 탐구한 철학자는 플라톤이다. 소크라테스의 말을 기록으로 남긴 제자 플라톤은 아테네의 영향력 있는 귀족 집안에서 태어났다. 어려서부터 정치에 뜻을 두었다. 20세에 스승 소크라테스를 만나 깊은 지혜에 눈뜨지만, 정권을 쥔 자들에 의해 소크라테스가 사형을 당하자 플라톤은 정계 진출의 꿈을 접고 철학자의 길을 걸으며 인간의 올바른 삶과 국가 정의를 실현하는 방법 등을 고민하게 된다.

아리스토텔레스는 플라톤의 제자다. 아리스토텔레스는 스승인 플라톤의 정의론을 계승했다.

아리스토텔레스의 저서 중엔 '정치학'이라는 책이 있다. 아리스토텔레스는 이 책에서 '정의는 국가 아래에서의 인간들의 유대'라고 말했다. 이렇게 헤시오도스, 그리고 플라톤과 아리스토텔레스에 의해 고대 서양철학의 정의론은 정립됐다. 이들에 의해 정립된 고대 그리스 철학의 정의론은 이렇다.

'정의란 무엇인가. 동일한 사람 사이를 평등하게, 동일하지 않은 사람 사이를 불평등하게 다루는 것을 통하여 개개인에게 그의 정당한 몫을 부여하는 것이다'

07

현대 서양철학의 정의론

그리스의 철학자들이 개념을 정리한 고대 서양철학의 정의론은 근대에 이르기까지 서양 정치사상의 규범 역할을 했다.

19세기 중반 영국에서는 새로운 사회사상이 나타난다. 다름 아닌 공리주의(功利主義)다. 이 공리주의는 가치 판단의 기준을 효용과 행복의 증진에 두었다. '최대 다수의 최대 행복'이라는 개념도 여기서 나왔다.

공리주의는 19세기 영국에서 벤담, 제임스 밀, 존 스튜어트 밀 등을 중심으로 전개되었다.

20세기 들어선 뒤 공리주의를 대신하는 정의론이 등장했다. 새로운 정의의 원리를 제시한 철학자가 존 롤스다.

1921년생인 미국의 철학자 롤스의 아버지는 변호사였다. 넉넉한 집안에서 자란 롤스는 부모님 덕분에 인권 문제에 큰 관심을 가졌다. 이 때문에 그는 철학을 전공했다. 롤스는 제2차 세계대전에 참전하면서 참혹한 인간과 사회의 실상을 깨닫고, 정의에 대해 집중적으로 탐구하게 되었다.

하버드 대학에서 철학을 가르쳤던 롤스는 수십 년간 정의의 문제만 파고든 '단일 주제의 철학자'로 유명하다. 그는 평생 정의라는 한 우물을 판 사람이다. 그의 연구는 전 세계의 철학계 뿐 아니라 인문학계와 사회과학계에도 큰 영향을 미쳤다. 큰 획을 그은 업적 덕분에 그를 20세기 최고의 철학자로 칭송한다.

그는 1958년 '공정으로서의 정의'라는 논문을 발표했다. 그 뒤 그의 연구는 사회정의의 개념에 대한 현대적인 해석에 집중됐다. 그는 여러 편의 논문을 발표했다. '분배의 정의', '시민 불복종', '정의감' 등 여러 편의 논문은 철학계 뿐만 아니라 관련 학계의 주목을 끌었다. 20여 년의 연구 끝에 맺은 큰 결실이 1971년에 초판을 펴낸 '정의론'이다.

이 책이 출간되기 전 여러 분야에서 신봉했던 사상은 공리주의였다. 특히 정치분야에서는 사회 복지의 극대화 원리를 담은 공리주의를 정치철학의 전부로 삼았다.

공리주의가 이렇게 한 시대의 시대정신으로 뿌리를 깊이 내리고 있던 시기에 정의론은 동서양을 막론하고 난해하고 권태롭기로 유명했다. 그런 상황에서 출간된 롤스의 정의론은 정의와 관련된 이론을 보다 정확하고 보다 쉽게 이해할 수 있도록 도왔다.

롤스의 정의론은 세기의 대작으로 평가받았다. '정의론'이 출간된 후 영국의 철학자 스튜어트 햄프셔는 "세계 대전 이후 도덕 철학에 있어서 가장 중요하고 의미 있는 기여"라고 말했다. 뉴욕타임스는 이 책이 지닌 의미가 "우리의 생활 방식마저 바꿔 놓을 것"이라고 극찬했다.

롤스는 자연의 분배방식은 공정하지도 불공정하지도 않다고 보았다. 공정이나 불공정은 사회가 그러한 요소를 다루는 방식에서 생겨났다고 보았다. 공정으로서의 정의를 언급한 롤스의 정의론은 좀 더 평등한 세상을 지향하고 있다.

사상 체계의 첫 번째 덕목을 진리라고 한다면 정의는 사회 제도의 첫 번째 덕목이다. 정의로운 사회를 꿈꿨던 롤스는 이런 생각으로 현대 정의론을 정립했다.

'우리는 다음과 같은 사실을 상기할 필요가 있다. 즉, 만일 불공정한 분배가 모든 사람의 이익에 도움이 되지 않는다면 모든 원초적인 재화는 평등하게 분배되어야만 한다는 것, 이것이 공정(fairness)으로서의 정의를 주장하는 사람이 일반적으로 요구하는 것이다.'

롤스의 정의론은 또 약자의 권리를 가장 먼저 보호하라고 강조한다. 인간에게 주어진 기본적인 자유는 이 세상의 모든 구성원들에게 평등하게 배분해야 된다고 강조했다.

롤스 이후에 현대 서양철학의 정의론을 재정립한 철학자가 있다. 마이클 샌델이다.

그가 쓴 정의론은 '정의란 무엇인가'다.

08

마이클 샌델의 '정의란 무엇인가'

1953년생인 마이클 샌델은 하버드대 정치철학 교수로 저서인 '정의란 무엇인가(Justice : What's the Right Thing to Do?)'로 국내외에 정의 열풍을 일으킨 인물이다.

유태인 가정에서 태어난 샌델은 1975년 브랜다이스대를 졸업하고, 영국 옥스퍼드대 발리올칼리지에서 박사학위를 수료했다. 27세의 최연소 나이로 하버드대 교수가 된 샌델은 29세이던 1982년 자유주의 이론의 대가인 존 롤스를 비판한 '자유주의와 정의의 한계'를 발표하면서 세계적인 명성을 얻기 시작했다. 이 책에서 '공동체주의자'라는 용어를 처음 사용했다. 그 뒤 알레스데어 매킨타이어, 마이클 월저, 찰스 테일러 교수 등과 함께 공동체주의의 4대 이론가 중 한 명이자 존 롤스 이후 정의 분야의 세계적 학자로 평가를 받았다. 샌델은 1980년부터 30

여년 간 하버드대에서 정치철학을 가르치고 있다. 그의 '정의수업'은 20여 년 동안 하버드대 학생들 사이에서 최고의 명강의로 손꼽힌다. 이러한 명성으로 그는 2008년 미국정치학회가 수여하는 최고의 교수로 선정되었다.

샌델은 한국을 세 차례 방문한 바 있다. 2005년, 2010년, 2012년에 한국을 방문해 자신의 저서와 관련된 강의를 했다.

2005년 방한했을 때는 한국철학회 주최로 열린 철학 강좌에서 '시장의 도덕적 한계', '자유주의와 무연고적 자아'등을 강론했다. 그는 강연에서 "돈으로 살 수 없는 것과 살 수 있는 것이 철학적으로 구분된다. 시장논리가 확장되어가고 있는 오늘날에도, 돈으로 살 수 없는 것이 존재하며 이러한 가치들에까지 시장논리가 침범해서는 안 된다"고 역설했다.

2010년에는 아산정책연구원이 샌델 교수를 초청, 경희대학교 평화의 전당에서 공개 강연을 열었다. 샌델 교수가 한국을 방문한 이유 중 하나는 그가 출간한 '정의란 무엇인가'가 두 달만에 25만부의 판매고를 기록하면서 사회적인 반향을 일으킨 것에 기인했다. 주요 독자는 40대였다. 국내 출판업계에서는 "특히 쉽게 쏠림현상이 나타나지 않는 전통적인 40대 인문독자의 관심을 끌만큼 사회적인 반향을 일으켰다"고 전했다.

샌델은 2012년 출간된 '돈으로 살 수 없는 것들'에 대해 강의를 하기 위해 4박 5일 일정으로 한국을 방문했다. 그해 6월 1일 연세대학교 노천극장에서 강연을 열기도 했다.

샌델이 2009년에 펴낸 '정의란 무엇인가'는 2010년 우리나라에서 번역되었다. 인문학 서적으로 베스트셀러 1위를 차지해 화제가 되었다.

2011년 4월, 우리나라에서 판매량 100만 부를 돌파했다. 1990년대 이후로 인문학 서적의 판매량이 꾸준히 줄었는데, 교양인문학 서적으로는 이례적인 일이었다. 한국에서의 판매 부수는 오래전에 200만부를 넘겼으며, 세계 37개국에서 출간된 세계적인 베스트셀러다.

영미권에서 10만 부 이하로 저조한 판매량을 보일 때, 유독 일본과 한국에서 많이 팔렸다.

역자 김영철, 출판사 와이즈베리, 2014.11.20. 출간된 '정의란 무엇인가'의 책 정보에 따르면, 샌델의 대표작인 '정의란 무엇인가'는 그가 하버드대에서 실제로 강의한 'Justice(정의)'를 바탕으로 쓴 책이다. 이 책은 구제 금융, 모병제, 대리 출산과 같은 현실 문제를 비롯해 경로를 이탈한 전차, 고통의 대가를 계량하는 시험과 같은 사고 실험을 주제로 삼아 위대한 사상가들은 정의에 대해 어떻게 생각했는지를 비판적으로 살펴본다. 가령, 저자인 샌델은 벤담과 밀의 공리주의는 다수에게 도움이 되는 결정을 지지하지만, 인간의 존엄성 문제에는 도덕적 한계를 지니고 있다고 말한다.

하지만 샌델은 이 책에 '정의'에 대한 확고한 답을 내리지는 않는다. 오히려 책을 읽는 독자들도 위대한 사상가들과 어깨를 나란히 하며 자신의 논리를 펼쳐나갈 수 있음을 보여줌으로써 독자들로 하여금 정의에 대한 자신의 견해를 수정하고 바로잡는 기회를 만나는 획기적인 프레임을 선사하고, 나아가 그들 자신이 '무엇을', '왜' 그렇게 생각하는지 알도록 한다.

존 롤스 이후 정의 분야의 세계적 학자로 인정받는 샌델은 명실공히 이 시대의 최고 석학이자 철학계의 거물이다. 샌델은 정의를 판단하는 세 가지 기준으로 행복, 자유, 미덕을 꼽았다.

그런 기준으로 펴낸 '정의란 무엇인가'에서 샌델은 '정의란 옳고 그름을 판단하는 문제일까?', '최대 행복 원칙: 공리주의', '우리는 우리 자신을 소유하는가?: 자유지상주의', '대리인 고용: 시장 논리의 도덕성 문제', '동기를 중시하는 시각: 이마누엘 칸트', '평등을 강조하는 시각: 존 롤스', '소수 집단 우대 정책 논쟁: 권리vs자격', '정의와 도덕적 자격: 아리스토텔레스', '우리는 서로에게 어떤 의무를 지는가?: 충성심의 딜레마', '정의와 공동선' 등을 다뤘다.

09

동양철학의 정의론

"아버지가 양을 훔쳤다면 아들은 아버지를 고발해야 하는가, 아니면 숨겨주어야 하는가?"

'정의란 무엇인가'의 저자 마이클 샌델은 2007년 중국을 처음 방문해 강연하면서 '논어(論語)'의 유명한 토론 주제를 언급했다. 그 때 샌델은 아버지를 고발해야 행실이 곧은 사람이라는 섭공(葉公)의 주장에 맞서 가족을 보호해야 한다는 공자의 주장이 자신의 철학과 맞닿아 있다고 회고했다. 가족과 효도의 도덕적 우선성을 인정하는 유교의 가르침이 공동체를 중시하는 그의 '정의' 관념과 비슷하다고 언급했다.

출판사 와이즈베리가 2018년 9월 14일 펴낸 '마이클 샌델, 중국을 만나다'엔 이런 내용들이 실려 있다. 이 책의 저자는 마이클 샌델과 폴 담브로시오다. 공동저자다. '마이클 샌델,

중국을 만나다'는 중국 철학 연구자들이 마이클 샌델의 이론과 저작을 동양철학의 시각으로 분석한 평론과 그에 대한 샌델의 답변을 함께 모은 책이다. 동서양의 철학적 대화를 살펴봄으로써 마이클 샌델의 '정의'를 새롭게 경험할 수 있다.

'마이클 샌델, 중국을 만나다'는 이러한 문제의식에서 출발한다. 2016년 중국 화둥사범대학이 주최한 '마이클 샌델과 중국 철학'이라는 주제의 국제 컨퍼런스를 계기로 기획됐다. 전세계적으로 지적 영향력을 발휘해 온 샌델의 '정의론'을 폴 담브로시오, 리첸양 등 중국철학을 전공한 9명의 동서양 철학자가 동양철학의 관점에서 다시 해부했다. 유가와 도가 사상 등 동양철학의 눈으로 정의론을 세밀하게 검토하면서 샌델이 놓친 시사점들을 살펴보았다.

연합뉴스는 2018년 9월 21일 이 책을 소개하는 기사를 실었다. 기사의 제목은 '중국인들이 생각하는 정의란 무엇인가'다. 연합뉴스는 이 기사를 다루면서 '마이클 샌델, 중국을 만나다' 27쪽에 실린 이런 대목도 소개했다.

'유학자라면 샌델의 자유주의 비판에 대해 상당 부분 동의한다. 그러나 유가적 관점에서 볼 때 샌델의 공동체주의는 강한 공동주의적 사회로 나아가기에는 너무 얇다. 유학자들은 보다 두터운 공동체 개념을 주장한다. 그것이 인간의 번영에 결정적이라고 본다.'

연합뉴스는 이 책의 98~99쪽에 있는 이런 대목도 소개했다.

'공자가 생각하기에 정치 지도자가 갖추어야 하는 덕은 그들의 백성들이 갖추기를 원하는 덕과 정확하게 일치한다. 만약 백성들이 정직해지기를 원한다면, 정치 지도자가 먼저 정직의 덕을 갖추어야 한다. … 대조적으로 샌델과 아리스토텔레스 주의에서는 백성들이 갖추도록 정치 지도자가 영예롭게 하고 인정하고 또 포상하려는 덕은 백성들을 덕이 있게(정직하게, 선하게, 정의롭게 등등) 만드는 법들을 입법하고 운영하고 심판하는 덕 또는 기술과 능력이다.'

이 책 342~343쪽에 나온 이런 대목도 연합뉴스는 소개했다.

'중국 전통을 만나기 전까지 나는 조화가 사회적 삶의 제1덕목이라고 생각해 본 적이 없었다. 나는 부담을 지지 않는(무연고적) 자아에 대해 비판해왔고 사회계약론적 전통보다는 더 깊은 공동체관을 옹호해 왔는데, 그럼에도 불구하고 나는 항상 공동선에 대한 다원주의적 관념을 주장한다. 여기서 시민은 도덕적인 혹은 심지어 영적 문제들에 대해 공적이고 공개적으로 토론한다. 그런 토론은 전형적으로 조화보다는 소란을 일으킨다.'

출판사 와이즈베리가 2018년 9월에 출간한 '마이클 샌델, 중국을 만나다'를 통해 '정의가 무엇인가'의 저자 샌델이 생각하는 동양철학의 정의론을 유추해 보았다. '마이클 샌델, 중국을 만나다'는 샌델이 동양철학에 대한 인식을 알아볼 수 있는 단초도 제공했다. 이 책의 378쪽에 나온 문장이다.

'서양 사상과 접촉한 유가 및 도가의 철학적 전통은 대부분 서양(그리고 특히 북미) 철학과 정치 이론을 괴롭히는 편협성에 많이 필요했던 해독제를 제공한다.'

샌델의 말이다. 샌델이 이렇게 동양철학에 대한 소견을 밝힌 것은 아무래도 동양철학의 정의론이 그가 긴 세월 동안 탐구해서 정립한 정의론에 많이 부합되기 때문일게다.

서양의 철학자들이 수천 년 동안 연구해서 정립해 놓은 정의론을 동양철학사에서 찾으려고 나선다면 가장 먼저 만날 수 있는 사상가가 공자일 것이다.

동서양의 위대한 사상가나 인문학자 등은 이상사회를 제시했다. 플라톤은 정의로운 국가를, 영국의 정치가이자 인문학자인 토머스모어는 유토피아를 제시했다. 공자도 정의로운 국가나 유토피아 같은 이상사회를 제시했다. 다름아닌 대동사회다.

『노자(老子) / 중국 춘추 시대의 사상가』

공자는 정치를 할 때 가장 먼저 해야 할 것은 '반드시 이름을 바르게 할 것이다'라고 말했다. 이것이 다름아닌 공자의 정치 사상인 '정명사상(正名思想)'이다.

공자는 '이름이 바르게 되지 않으면 말이 순조롭지 않고, 말이 순조롭지 않으면 일이 제대로 진행되지 않으며, 일이 순조롭게 진행되지 않으면 도덕적 삶과 법질서가 유지되지 않는다'고 보았다. 그러면서 '정치의 근본은 사람들로 하여금 욕심을 없앰으로써 각각의 일을 깨끗하게 할 수 있도록 유도하는 것'이라고 여겼다.

한편, 동서양의 일부 철학자들은 동양철학의 정의론을 노자 '도덕경'에서 찾기도 한다.

10

노자의 '도덕경'

    노장사상(老莊思想)은 유교, 불교 등과 더불어 동양의 3대 사상의 하나다. 노자(老子)와 장자(莊子)에 의하여 형성된 사상으로 자연의 도, 즉 자연의 법칙을 이해하는 한편 너저분하고 자질구레하거나 어수선하고 복잡한 인위(人爲)를 초월하는 평이한 생활을 주장한다.

    두산백과사전에 따르면, 중국 고대의 철학자이자 도가의 창시자인 노자의 생몰연도는 미상이다. 그는 초(楚)나라에서 출생했다. 공자가 젊었을 때, 노자를 찾아가 '예(禮)'에 관한 가르침을 받았다는 이야기도 전해온다. 노자는 주나라의 쇠퇴를 한탄하고 은둔할 것을 결심해 서방으로 떠나는 도중에 관문지기의 요청으로 상권과 하권, 즉 두 권으로 된 책을 써 주었다고 한다. 이 책을 '도덕경(道德經)'이라 일컫는다.

도가사상의 시조인 노자가 남긴 도덕경. 노자가 지었다고 전해 오는 이 책은 무위자연의 사상을 보여준다. 우리나라에서는 '삼국사기'에 처음 관련 기록이 보인다.

약 5,000자, 81장으로 엮인 도덕경은 노자가 지었다고 하나 한 사람이 쓴 것이라고는 볼 수 없고, 여러 차례에 걸쳐 편집된 흔적이 있는 것으로 보아 오랜기간 동안 많은 변형 과정을 거쳐 BC 4세기경 지금과 같은 형태로 고정되었다는 것이 일반적인 견해다.

물론 여러 가지 판본이 전해 온다. 가장 대표적인 것으로는 한나라 때 하상공이 주석한 것으로 알려진 하상공본과 위나라 왕필이 주석했다는 왕필본이 있다.

문성재 박사가 2014년 9월 출판사 책미래를 통해 펴낸 '처음부터 새로 읽는 노자 도덕경'은 한·중·일 노자 번역의 최종 완결판이라는 설명이 붙어 있다. 이 책에서도 노자의 생몰연도는 알 수 없고 다만 춘추시대 말기에 활동한 것으로 전해온다고 알려준다.

사마천의 '사기'는 노자를 처음 소개하면서 "누가 그러더라"라는 전제와 함께 노담, 노래자, 태사담 등 노자로 거론되는 춘추전국시대의 여러 인물들을 동시에 언급했다고 한다.

문성재 박사는 사마천이 '사기'를 쓸 때까지 수백 년 동안,

그리고 그 이후로도 오랫동안 노자의 이미지나 그에 관한 일화 등은 상당 부분 조작되거나 허구화 되었을 가능성이 은연 중에 있다고 언급한다. 문성재 박사는 또 노자로부터 2,500여년이 지난 오늘날 노자의 실체를 찾기란 현실적으로 불가능하며 바로 그런 점에서 본다면 도덕경이야 말로 우리가 노자와 그의 사상적 궤적을 더듬어 볼수 있는 유일한 단서가 되는 셈이라고 설명한다.

오늘날 노자는 애민정신이 대단하고 민주정신이 투철한 사람으로 평가 받는다. 근대엔 노자를 '민주정치의 선구자'로 평가 하기도 한다.

문성재 박사의 저서 '처음부터 새로 읽는 노자 도덕경' 제40장의 제목은 '훌륭한 관리는 묵묵히 도를 실천할 따름이다'다. 이 대목에서 제시된 도덕경의 내용을 소개한다.

훌륭한 관리는 '도'를 들으면, 그저 그 가르침을 열심히 실천할 따름입니다. 평범한 관리는 '도'를 들으면, '실제로 존재하기는 할까, 없는 것은 아닐까'하고 의심을 합니다. 반면에, 모자란 관리는 '도'를 듣고 나면, 마구 비웃어대지요. 그렇게 비웃음을 당하지 않으면, '도'로 삼기 부족한가 봅니다.

그래서 옛 격언에도 이런 말씀이 있나 봅니다.

"밝은 도는 어두운 것 같다. 나아가는 도는 물러서는 것 같다. 편평한 도는 울퉁불퉁한 것 같다. 최고의 도는 샘물과 같다. 더 없는 순결함은 때가 탄 것 같다. 너른 덕은 부족한 것 같다. 굳건한 덕은 구차스러운 것 같다. 순수한 바탕은 탁한 것 같다. 극한의 네모는 모서리가 없다. 극한의 그릇에는 완성이 없다. 극한의 가락에는 소리가 없다. 극한의 형상에는 형체란 없다."

'도'는 이토록 위대하건만 고정된 이름조차 없습니다. 그러나 '도'라는 것은, 시작하기도 잘하듯이 마무리 역시 잘하는 것이 아닐까 싶습니다.

이 도덕경의 내용을 소개하며 문성재 박사는 "본장에서는 '도'를 대하는 자세에 대해 이야기 하고 있다. 노자는 '훌륭한 관리', '평범한 관리', '모자란 관리' 등 세 부류의 사람들이 '도'에 대해 보이는 반응을 소개하면서 '도'를 지키면서 매사에 최선을 다할 것을 당부한다. … 노자가 사람들에게 '훌륭한 관리'의 자세를 배울 것을 당부하는 것도 바로 이 같은 이유 때문이다. 언제나 묵묵히 자신의 자리를 지키면서 자신이 맡은 일에 최선을 다하는 것, 이것이야 말로 '도'를 받드는 올바른 자세라는 것이다."라는 설명을 덧붙였다.

문성재 박사의 저서 '처음부터 새로 읽는 노자 도덕경' 출판사 책미래에서 펴낸 제57장의 제목은 '바른 도로 나라를 다스려라'다. 이 대목에서 제시된 도덕경의 내용은 이렇다.

바른 도로 나라를 다스리고, 신기한 계책으로 전쟁에 임하십시오. 그렇게 하면 일을 벌이지 않고도 세상을 얻게 될 것입니다.
내가 무엇을 통해서 그런 이치를 아느냐고요?
대체로 세상에서 삼가고 꺼리는 것이 많으면 많을수록 백성은 더욱 가난해지고, 백성들에게 이로운 물건이 많으면 많을수록 그 나라는 더욱 어두어지기 마련입니다. 또 사람들에게 아는 것이 많으면 많을수록 신기한 물건들은 더욱 늘게 되고, 위세품들이 눈길을 끌면 끌수록 도적들은 그것을 가지려는 욕심이 더 많아 질 것입니다.
그렇기 때문에 성인은 이렇게 말합니다.
"내가 바라는 것이 없으니 백성들이 저절로 감화되고, 내가 차분한 수양을 즐기니 백성들이 저절로 올곧아지고, 내가 일을 벌이지 않으니 백성들이 저절로 넉넉해지고, 내가 남들이 마음을 두지 않는 일에 관심을 기울이니 백성들이 저절로 다듬기 전의 옥돌로 돌아가는 구나!"

도덕경의 위 내용을 소개하며 문성재 박사는 "본장에서는 백성들에 대한 통치자의 자유방임 또는 불간섭에 대해 이야기하고 있다. … 작위가 없는 '무위(無爲)'의 통치가 얼마나 중요한지 설파하는 노자의 철학적 주장은 이 같은 당시 통치자들의 행태들에 대한 일종의 반작용이라 할 수 있다. 노자가 성인의 말을 빌어 본 장에서 통치자들에게 주문하고 있는 미덕은 네 가지이다. 사사로운 목적을 가지고 일을 벌이지 말라는 '무위', 항상 차분하고 진중하게 자신을 갈고 닦으라는 '호정(好靜)', 당장 필요하지 않은 일에 괜히 매달리지 말라는 '무사(無事)', 남들이 주목하는 일에 관심을 가지라는 '욕불욕(欲不欲)'이 그것이다. 그는 통치자가 이 네 가지 미덕을 지킨다면 본인이 굳이 애쓰지 않더라도 백성들이 저절로 감화되고 올곧아지고 넉넉해지고 순박해진다고 보았다."고 언급했다.

문성재 박사의 저서 '처음부터 새로 읽는 노자 도덕경' 제80장의 제목은 '온갖 시련을 다 감내할 줄 아는 사람이야 말로 진정한 지도자이다'다. 이 대목의 도덕경은 다음과 같다.

세상에서 물만큼 부드럽고 가냘픈 것은 없습니다. 그럼에도 불구하고 단단하고 굳센 힘과 맞섬에 있어, 물을 능가할 수 있는 것이 없는 것은, 그 저력에 있어서 물을 대신할 만한 존재가 어디에도 없기 때문입니다.

물이 단단한 것을 이기고, 가냘픈 것이 억센 것을 이기는 이치, 세상에서 이 이치를 모르는 이는 없겠지만, 그 같은 가르침을 실천할 수 있는 이는 없나 봅니다.

그래서 성인도 이렇게 말씀하셨습니다.

"온 나라의 비판을 다 참을 줄 아는 이, 이를 진정한 나라의 주인이라고 하며, 온 나라의 불행을 다 견딜 줄 아는 이, 이를 진정한 세상의 임금이라고 한다."

바른 말은 역설과도 같은 법이지요.

도덕경의 위 내용에 대해 문성재 박사는 "본장에서는 통치자의 처신에 대해 이야기 하고 있다. 물은 세상에서 가장 부드럽고 가냘프다. 그럼에도 불구하고 세상에서 아무리 단단하고 억센 것들도 물을 이길 수 없다. 물은 세상에서 가장 강하면서도 결코 잘난 척하지 않고 스스로 몸을 낮추고 낮은 곳으로 임하여 세상의 온갖 때와 더러움을 보듬는다. 요즘 세상에서는 만인의 어버이가 되고 나라를 경륜하겠다고 출사표를 던지는 사람들 중에 물의 본성을 닮으려고 노력하는 사람은 거의 찾아보기가 어렵다."고 언급했다.

'상선약수(上善若水)'라는 말이 있다. 도덕경 제8장에 나오는 말이다. '최고의 선은 물과 같다는 뜻'으로, '만물을 이롭게 하는 물의 성질을 최고의 이상적인 경지로 삼는 도가의 말'이다. '상선약수, 수선리만물이부쟁, 처중인지소악, 고기어도(上善若水, 水善利萬物而不爭, 處眾人之所惡, 故幾於道)'. '최고의 선은 물과 같다. 물은 만물을 이롭게 하는 데 뛰어나지만 다투지 않고, 모든 사람이 싫어하는 곳에 머문다. 그러므로 도에 가깝다.'는 뜻이다.

물은 세상 만물에 생기를 주고 성장하게 하는 자양분이다. 본연의 성질대로 위에서 아래로 흐르면서 막히면 돌아가고 기꺼이 낮은 곳에 머문다.

통치자들이 상선약수를 가슴에 새기고 실천한다면 공정하고 정의로운 세상은 저절로 찾아 오지 않을까.

3

공정과 정의

한비자의
공정과 정의

11 한비자는 누구? · · · · · · · · · 060
12 한비자는 어떤 책? · · · · · · · · · 065
13 상앙의 '법치(法治)' · · · · · · · · · 070
14 신불해의 '술치(術治)' · · · · · · · · · 075
15 신도의 '세치(勢治)' · · · · · · · · · 078
16 순자의 제자 한비자와 이사 · · · · · · · · · 080
17 '동양의 마키아벨리' 한비자 · · · · · · · · · 087
18 한비자의 법치론과 술치론 · · · · · · · · · 091
19 진시황과 오두, 그리고 법가사상 · · · · · · · · · 095
20 공과 사는 구분하라! · · · · · · · · · 104
21 법은 사람에게 아부하지 않는다! · · · · · · · · · 106
22 공평하려면 금령을 지켜라! · · · · · · · · · 108

11

한비자는 누구?

춘추전국시대(春秋戰國時代). BC 8세기에서 BC 3세기에 이르는 중국 고대의 변혁시대였다.

BC 770년, 주(周)왕조가 뤄양(洛陽)으로 천도하기 이전의 시대를 서주시대, 이후를 동주시대라고 칭한다. 동주시대는 춘추시대와 전국시대로 나뉜다.

춘추시대는 BC 770년에서 BC 403년까지, 전국시대는 BC 403년에서 진나라가 천하를 통일하던 해인 BC 221년까지다.

주나라가 동쪽으로 도읍을 옮기고, 진나라가 중원을 통일하기까지 약 500년 동안 중국은 대혼란기였다. 말 그대로 역사적 대 격변기였다.

이런 시기엔 당연히 수많은 영웅들이 나타나기 마련이다. 중국 대륙 이곳저곳에서 영웅들이 탄생했고, 그 영웅들은 각자가 차지한 땅을 다스렸다.

군웅할거시대, 각 지역의 영웅들, 즉 군주들은 각자가 차지한 땅에 세운 나라를 어떻게 다스려야 될지 고민할 수밖에 없었다. 영웅들은 훌륭한 책사를 곁에 두려고 혈안이었다. 이럴 때 영웅들의 참모로 들어가서 자신의 철학에 따른 통치 기술을 설파한 사상가들이 있었는데, 이들을 일컬어 제자백가(諸子百家)라 불렀다.

제자백가들은 사회의 혼란 속에서, 어떻게 살아갈 것이며, 어떻게 세상을 구제할 것인가를 고민했다. 사상을 통제할 권력이 존재하지 않다보니 중국 역사상 가장 자유롭고 다채로운 논쟁이 전개됐다. 그 주역이 제자백가다.

공자(孔子). BC 551년에 태어나 BC 479까지 살았다. 오늘날 우리는 공자를 성인으로 대하고 있지만 사실 공자는 춘추시대의 유명한 사상가이자 학자였다.

노나라 출신인 춘추시대의 여러 영웅들이 세운 나라를 돌아다니며 자신의 철학과 통치술을 전했다. 공자는 '인(仁)'을 정치와 윤리의 이상으로 하는 도덕주의를 설파하며 덕치 정치를 강조했다.

말년엔 교육에 전념했다. 3,000여 명의 제자를 길러냈다. 그러면서 '시경'과 '서경' 등 중국 고전을 정리했다. 유가의 시조인 그의 제자들이 엮은 책이 '논어'다. 그의 언행과 사상이 잘 나타나 있는 불후의 명작이다.

맹자(孟子). 그는 공자가 죽고 나서 100년 정도 뒤에 태어났다. BC 372년경에 태어나 BC 289년경에 죽은 것으로 추정되는 맹자는 전국시대 사상가로 분류된다.

맹자는 공자의 제자를 자처하며, 다른 학파들을 비판하고 때로는 그들과 논쟁하면서 유학의 골격을 완성해갔다. 맹자는 공자의 인(仁)사상을 발전시켜 '성선설(性善說)'을 주장했다. 인의의 정치를 권했다.

예(禮)를 통해 세상을 교화하려 한 유가(儒家)에 대해 비판적인 사상을 설파한 사상도 있었다. 무위자연을 도덕의 표준으로 하고, 허무를 우주의 근원으로 삼은 노장사상이다.

노자(老子). 역시 춘추시대의 사상가다. 도가(道家)의 시조로 상식적인 인의와 도덕에 구애되지 않고 만물의 근원인 도를 좇아서 살 것을 역설했다. 무위자연을 존중했다. '도덕경'은 그의 대표적인 저서로 알려져 있다.

장자(莊子). 중국 전국 시대 말기의 사상가다. 도가 사상의 중심인물이다. 유교의 인위적인 예교(禮敎)를 부정하고 자연으로 돌아가자는 자연 철학을 제창했다. '장자'는 속세를 초월하고자 했던 그의 저서다.

한비자(韓非子). 법가의 사상을 집대성한 중국 전국시대 말기

사상가다.

BC 280년경 태어나 BC 233년에 사망했다고 전해오는 한비자의 이름은 '한비(韓非)'. 한(韓)나라 왕족이었다는 '한비'를 공자나 맹자, 그리고 노자나 장자처럼 '자(子)'를 붙여 높여 부르는 이름이 '한비자'다.

한비자는 유명한 저서를 남겼다. '한비자(韓非子)'다. 형벌의 이름과 방법을 논한 이 책은 총 55편 20책이다.

한비자는 공부도 많이 했고, 사고도 논리적이었다. 그런데 흠이 있었다. 말을 더듬었다.

한비자는 왕족이었지만 서자 출신이었다고 한다. 조국 한(韓)나라를 위해 여러 가지 제안을 올렸지만 단 한 번도 채택되지 않았다. 해서 울분을 삼키며 책을 썼다.

진시황은 저서 '한비자'를 읽고 감동했다. 진시황은 한비자를 곁에 두려고 한(韓)나라를 쳐들어가기도 했다.

그렇지만 한비자는 진시황의 사랑을 받지 못했다. 한비자의 약점인 말더듬이증 탓이었다.

진시황의 책사 중엔 이사(李斯)가 있다. 진시황의 천하통일을 도운 일등 공신이다. 한비자는 이사의 모함으로 옥에 갇혀 스스로 목숨을 끊었다.

순자(荀子). 전국시대 말기의 사상가다.

진(秦)나라가 통일 사업을 강력하게 추진했던 시기에 순자는 '성악설(性惡說)'을 주장했다. 맹자의 '성선설(性善說)'에 대응하는 학설이다. 유학자인 그의 말과 논리를 모은 책이 저서 '순자(荀子)'다.

사상서 순자는 예(禮)와 의(義)를 외재적인 것이라고 규정한다. 그것에 의한 인간 규제를 중시하는 예치주의를 강조한다.

순자의 사상을 계승한 사상가가 한비자다. 순자의 제자 한비자는 인간의 본질은 원래 악하다는 순자의 '성악설'에 근거해 법가사상의 기틀을 마련했다.

하지만 한비자가 법가사상를 최초로 설파하는 것은 아니다. 이에 앞서 법가사상을 설파한 사람은 상앙(商鞅)이다.

BC 338년에 사망한 것으로 알려진 상앙은 진(秦)나라의 정치가였다. 법제, 전제(田制), 세제 등을 크게 개혁하는 등 진(秦)나라 성립의 기틀을 마련했다.

한비자는 상앙보다 더 체계적으로 법가사상을 정립했다. 자신의 고국인 한나라의 임금이 간신들에게 농락당하자 이를 타개할 방책으로 법과 제도의 정비에 나섰다.

12

한비자는 어떤 책?

논어(論語). 중국 춘추전국 시대를 풍미했던 사상가인 공자와 그의 제자들의 언행을 기록한 유교의 경전이다. 공자가 그 제자들과 주고 받은 질문과 답변이 주된 내용이다. 공자가 당시 사람들과 나눈 대화, 제자들이 주고받은 대화 등도 포함돼 있다.

사서(四書)의 하나인 논어는 중국 최초의 어록(語錄)이고, 유가의 성전이며, 공자의 가르침을 전하는 가장 확실한 고문헌이다.

오늘날까지 전해오는 논어는 20편으로 엮였다. 그 첫 편은 학이편(學而篇). 인간이 태어나 죽을 때까지 닦아야 될 학문과 덕행을 담았다. 스무번째 편은 요왈편(堯曰篇). 역대 성인들의 정치와 정치적 이상이 주제다.

우리나라에 유교가 도입된 때는 삼국시대다. 당시 삼국은 중국과 활발하게 교류했다. 선진 통치질서와 정치윤리가 절대 필요하던 시기였다. 이런 시기에 우리나라에 들어온 논어는 통치의 참고서였으며, 인재를 선발하는 필수 과목이었다.

이후, 고려시대와 조선시대에도 논어는 그런 역할을 했다. 시골의 어린 아이들까지 논어를 배우고, 논어를 논했다.

퇴계 이황은 논어와 관련된 책을 지었다. 다산 정약용은 독창적인 방법으로 논어를 해석한 책을 펴냈다.

세종대왕 등 역대 임금들도 논어를 공부했고, 논어에서 배운 지혜로 백성을 다스렸다.

'한비자(韓非子)'. 전국시대 말기 법치주의를 주창한 한비자와 그 학파가 저술한 걸작이다. 법가사상을 집대성한 책이다. 난세학의 통치학을 담은 책으로 제왕학과 법치주의의 고전으로 통한다. 총 55편 20책. 내용이 방대하고, 규모가 큰 저서다.

'한비자'의 핵심은 통치술이다. 군주가 국가의 정치는 어떻게 해야 되는지, 국가의 경제는 어떻게 꾸려야 되는지 등을 담고 있다. 난세를 바로 잡고, 나라의 기틀을 바로 세워, 국가경영을 어떻게 해야 되는지 꼭 필요한 방책을 엮어 놓았다.

한비자 사후에 오늘날의 형태로 정리된 것으로 추정되는 저서 '한비자'는 제왕들이 애지중지하는 책이었다. 제왕들은 남이 볼 때는 논어를 읽었단다. 혼자 있을 때는 '한비자'를 읽었다는데, 그 이유가 뭘까.

제왕이 다른 사람들의 눈을 피해서 남몰래 '한비자'를 애독한 이유는 다름 아니다. 시대정신은 인과 예를 중시하는 유가사상에 토대를 두고 있었지만 국가를 경영하고 나라를 통치해야 되는 제왕의 입장에서는 탁월한 통치술이 필요했기 때문이다. 유교가 국교이자 통치이념이었던 시대, 중국의 황실에서는 통치술을 구체적으로 설명한 '한비자'를 몰래 읽었다. 통치술을 설명한 그 어떤 책도 '한비자'를 따를 수 없었고, '한비자'에 담긴 법가사상은 은밀한 통치수단이었기 때문이다.

진시황(秦始皇). 중국 최초의 황제다. 중국 최초로 중앙 집권적 통일제국인 진나라를 건설했다.

중국의 역사 속에서 가장 큰 영향을 미친 역사 인물은 누구일까.

중국인들에게 이런 질문을 던지면 대부분 진시황과 마오쩌둥을 꼽는다. 중국의 역사 인물 1위나 2위에 오르는 진시황은 중국인들의 영웅이다.

중국인들은 '마오쩌둥은 오늘날의 사회주의 중국을 만들었고, 진시황은 그 중국 자체를 만들었다'고 생각한다.

만약 진시황이 중국을 하나의 거대한 제국으로 통일하지 않았다면 어떤 일이 벌어졌을까.

어쩌면 중국은 오늘날의 유럽처럼 여러 나라로 나뉜 채로 발전해 왔을지 모를 일이다. 그렇게 중요한 업적은 남긴 진시황도 '한비자'를 애독했다. 심지어 저자인 한비자를 자신의 책사로 두려고 했다.

제갈량(諸葛亮). 중국 삼국시대 촉한의 정치가 겸 전략가다. 와룡선생이라 불리는 제갈량은 유비의 책사였다. 유비는 제갈량을 삼고초려로 곁에 두었다.

유비는 촉한의 황제에 오른 뒤 제갈량을 승상(丞相)으로 삼았다. 죽기 전 자신이 이루지 못한 대업을 아들 유선을 도와 꼭 이루라고 제갈량에게 당부했다.

죽기 전, 유비는 제갈량에게 "아들 유선을 보좌하되, 아들이 무능하면 몰아내고 황제의 자리를 취해도 좋다"고 유언했다. 하지만 제갈량은 끝까지 유선을 보필했다.

제갈량은 국력이 급성장한 위나라와 전쟁을 벌이다 오장원(五丈原)이라는 곳에서 사마의와 대치했다. 그러다 병들어 생을 마감했다.

유선(劉禪). 유비의 아들이다. 촉한의 제2대 왕이자 마지막 황제다. 위나라에 항복해 안락공으로 봉해졌다.

'삼국지연의'에 따르면, 유선은 아둔하고 어리석은 군주다. 환관 황호를 총애해 나라를 망쳤다고 전해진다.

제갈량은 오장원에서 파란만장한 이승의 생을 마감하면서

주군 유비의 후계자 유선에게 '한비자'를 읽어보라고 권했단다.

조조(曹操). 중국 삼국시대 위(魏)나라의 초대 황제다. 후한 말기 정치인으로 위 나라 건국의 기초를 닦았다.

조조는 어려서부터 책을 즐겨 읽었다. 여러 분야에서 재능을 보였던 조조는 고대 병법가의 저술을 연구했다. 조조가 남긴 병법서는 '위무주손자(魏武註孫子)'. 손자병법에 주석을 붙인 책이다.

조조는 당대 최고의 전략가였다. 이론과 실전에서 그를 따라갈 당대 영웅은 드물었다.

조조는 한나라 말기의 삼국시대를 평정했다. 그런 다음 통일국가를 내세웠다. BC 216년, 스스로를 위왕(魏王)으로 봉하고 황제의 권력을 행사했다.

조조도 법치를 꾀했다. 신상필벌의 정책을 펼쳤다. 이 역시 '한비자'의 법가사상에 기반을 둔것으로 파악된다.

13

상앙의 '법치(法治)'

진(秦)나라. 춘추 전국 시대엔 제후국이자 전국칠웅의 하나였다. 우리가 알고 있는 중국 '진나라' 중 가장 유명한 나라다. 이 나라에서 중국을 최초로 통일한 시황제 즉 진시황이 탄생했다.

진나라에 법가의 학문인 '변법(變法)'을 소개한 상앙은 원래 진나라 사람이 아니다. 위(魏)나라 사람이었다. 위나라의 하급 관리였다.

고대 중국의 개혁 주체는 제왕을 포함한 통치자였다. 백성은 그저 통치의 대상일 뿐이었다.

백성들의 뜻과 상관없는 위로부터의 개혁은 위나라도 마찬가지였다. 중국 고대의 대표적인 개혁가인 상앙 역시 위나라에서 제대로 대접을 받지 못했다.

어느 날인가, 진나라에서 인재를 모집했다. 진나라 효공(孝公)이 인재를 초빙한다는 소식을 들은 상앙은 진나라로 향했다.

상앙은 다채로운 학문을 섭렵했다. 그 가운데 '형명학(刑名學)'을 특히 좋아했다. 상앙은 일종의 정치·행정학이자 형벌의 종류와 명칭을 다루는 형명학을 연마한 천재였다.

세상의 그 누구든지 진나라의 부국강병을 돕는다면 그 보상을 넉넉하게 해주겠다는 효공을 만나러 상앙은 주저하지 않고 찾아갔다. 자신의 전공인 '형명학'이라면 진나라 효공의 꿈을 실현시킬 수 있을 것이라고 확신했다.

다른 제왕들처럼 효공도 유가사상 보다는 법가사상에 심취해 있었다. 부국강병의 꿈은 유가에서 나오지 않고, 법가사상에서 나온다고 믿고 있었다.

효공은 효공대로, 상앙은 상앙대로 서로의 운명적인 만남을 저울질 했다. 세 번 째 만남에서 상앙은 효공이 법가사상을 신봉하고 있음을 확인했다. 그래서 자신의 변법을 제시했다.

효공의 책사가 된 상앙은 변법을 실행에 착수했다.

도성 남문 밖에 큰 나무를 세운 뒤, 거금의 상금을 내걸고 그 나무를 북문까지 옮겨보라고 제안했다. 그런데 백성들은 이 제안을 그대로 받아들이지 않았다. 상금으로 내놓은 황금 50냥이 황당하다고 여겨 상앙의 제안이 사기라고 믿었다.

일이 무위로 끝나는가 싶었는데, 한 사람이 나섰다. 속는 셈치고 나섰다며 큰 나무를 북문까지 옮겼다. 상앙은 그 사람에게 황금 50냥을 내렸다.

이런 국가적인 이벤트를 시발점으로 삼아 상앙은 변법을 시행해 나갔다. 그가 시행한 변법엔 군대에서 공을 세우면 출신성분 따지지 않고 상을 주는 내용과 토지 사유화도 포함돼 있었다.

상앙의 변법 덕분에 진나라는 부강해졌다. 제왕인 효공도 변법을 만족스럽게 생각했고, 백성들도 훌륭한 제도로 받아들였다. 몇 가지 법령에 문제점을 있었지만 말이다.

그러나 귀족들의 생각은 달랐다. 특히 출신 성분을 따지지 않는 군인 포상 조항과 토지 사유화는 귀족들의 반발을 불러일으켰다.

효공의 사후, 상앙은 모반죄에 몰렸다. 체포돼 거열형을 당했다. 팔과 다리를 각각 다른 수레에 끌어서 죄인을 찢어 죽이는 형벌이 거열형이다.

BC 300년경, 진나라는 중국 역사 속의 중요한 나라로 등장한다. 이런 도약을 이끈 제왕은 제25대 진나라 왕인 효공이다.

진나라 효공은 진나라의 발전을 가로막고 있던 순장제를 없앴다. 상앙의 변법을 수용해 진나라 천하통일의 기틀을 닦았다.

제자백가의 한 사람인 상앙은 법가에 속한다. 제자백가 중 후기 인물에 속하는 한비자는 법가사상을 대표하는 인물이지만 그가 집대성한 법가사상의 틀엔 상앙의 법가사상이 기둥으로 세워져 있다.

한비자는 상앙의 법(法), 신불해의 술(術), 신도의 세(勢)를 3대 기둥으로 삼고 있다. 한비자는 상앙·신불해·신도의 '법·술·세'의 장단점을 모순이 없도록 융합시켰다.

상앙과 신불해, 그리고 신도가 없었다면, 한비자의 법가사상이 나오기 힘들었을지도 모른다.

법가사상의 효시라 할 수 있는 상앙. '사기'의 저자 사마천도 상앙을 높이 평가했다.

상앙은 진나라의 국부를 증강시키기 위해 개간사업도 추진했다. 백성을 상공업 보다는 농사와 전쟁에 집중시키는 제도도 추진했다. 법치를 기본을 한 중앙집권적인 관료국가를 이상적으로 삼았다.

법치를 최상의 통치술로 삼은 상앙은 '상군서(商君書)'라는 저술도 남겼다. 이 책엔 이런 내용도 담겨 있다.

'어진 사람은 모든 사람을 어질게 대할 수 있지만 모든 사람을 어질게 만들지는 못하고, 의로운 사람은 다른 사람을 사랑으로 대할 수 있으나 다른 사람들이 사랑하도록 만들지는 못한다. 인과 의만으로 천하를 다스리기에는 부족하다.'

유가의 덕치와 법가의 법치를 비교할 때, 자주 인용되는 대목이다. ⚖

14

신불해의 '술치(術治)'

　신불해(申不害). 중국 전국시대 한(韓)나라의 학자이자 정치가다. 사상가이기도 하다.

　상앙처럼 BC 300년경 인물이다. 한나라의 재상으로 15년간 나라를 태평하게 다스렸다고 전해온다.

　사마천의 사기에 따르면, 신불해의 학문은 도교에 근거를 두었지만 형명학의 전문가였다. 신불해는 자신의 학문을 집대성한 '신자(申子)'를 저술했으나 송나라 때 모두 없어졌다.

　'술(述)'이란 제왕 통치의 모략을 일컫는다. 제왕을 위협하는 요소는 수두룩할 수밖에 없다. 적국도 있고, 정적도 있다. 신불해는 제왕을 가장 크게 위협하는 요소는 적국이 아니라 자국의 신하들로 보았다. 해서 술치를 설파했는데, 술치는 곧 신하들을 잘 관리해 제왕의 권력을 다지는데 궁극적인 목적을 둔 통치술

신불해, 申不害 / ~ 기원전 337년

신불해는 한(韓)나라의 명재상이며, 형명지학의 대가였다.
법가 사상 중 술(術)을 강조하였으며,
한나라의 소후(昭侯) 밑에서 재상으로 십수년간 나라를 다스렸다.

이다.

한나라 소후(昭侯). BC 361년 한나라 제왕으로 즉위했다. 소후는 구멍 난 양말을 신고 국정을 살필 정도로 검소하고 청렴한 삶을 살았다. 소후 시절, 국력을 크게 신장됐다.

소후 집권 후반기, 나라에 큰 흉년이 들었다. 진나라가 침입해서 여러 성을 빼앗아 갔다. 소후는 토목공사를 강행했다. 무리한 시도였다.

소후의 책사는 신불해였다. 신불해는 소후의 중용으로 십수년

간 재상을 지냈다.

그런데 신불해는 한나라를 망하게 한 장본인이라는 비판도 받는다. 신불해의 술치는 소후의 왕권을 단기간에 강화시키는 데 크게 기여했다. 그렇지만 신불해가 추진한 통치술은 제왕과 신하 사이를 더욱 갈라 놓은 결과를 초래했다. 견제와 반목이 심하다보니 내부적인 소모가 지루하게 진행됐다. 그러다보니 국력 신장은 더디게 됐다. 결과적으로 신불해의 술치는 한나라 멸망의 주된 원인이 되고 말았다.

신불해의 술치가 어떤 통치술인지를 알 수 있는 글이 한비자에 남아있다.

'너의 말을 삼가라. 사람들이 바야흐로 너를 알고자 한다. 너의 행동을 삼가라. 사람들이 바야흐로 너를 따르려고 한다. … 법(法)은 공로를 보고 상을 주며, 능력에 의해서 벼슬을 준다.…'

15

신도의 '세치(勢治)'

　신도(愼到). BC 395년에 태어나 BC 315년에 타계했다고 전해 온다.

　제(齊)나라의 선왕(宣王) 때, 학사(學士)였다. 도가적인 색채가 있는 그의 사상은 법(法)은 물론 세(勢), 즉 권세를 중시한 점에 특색이 있다.

　한비자엔 이런 대목이 나온다.

　'용(龍)은 구름을 타면 훌륭하지만 구름을 잃으면 지렁이와 다름없다'

　이 문장을 통해 신도의 '세치'가 어떤 통치술인지 그 단면을 살펴볼 수 있다.

신도는 '신자(愼子)'라는 저서를 남겼다. 처음엔 12편이었지만 훗날 42편으로 늘었다. 송나라 때 거의 없어지고 현재 5편만 남았다.

신도는 옳고 그름을 다투는 의론을 모두 상대적인 것으로 보고 함께 하나로 돌아가야 한다고 주장했다.

16

순자의 제자 한비자와 이사

순자(荀子). BC 298년에 태어나 BC 238년에 사망한 것으로 알려진 순자는 중국 고대 철학자다. 사람은 본래 악한 본성을 갖고 태어난다는 '성악설'을 주장했다. 악한 마음은 교육을 통해 착하게 바꿀 수 있다고 보았다. 예의를 무척 중요한 덕목으로 꼽았다.

맹자와 같은 시대를 살았던 것으로 알려진 순자는 전국시대 조(趙)나라의 유학자다. 맹자가 성선설에 입각해 덕치주의를 주장한 반면, 순자는 성악설에 근거한 예치주의(禮治主義)를 주장했다.

순자가 살던 시절, 제나라의 수도는 직하(稷下)였다. 어린 시절 서당에서 공부한 순자는 10대 중반에 그 재능을 인정받았는데, 직하로 유학을 가니 여러 학문의 학자들이 몰려 있었다.

당시 제나라의 학문과 문화의 중심지였던 직하에 머물던 학자들이 공부하던 분야는 유가, 도가, 묵가, 법가 등 다채로웠다.

서서히 국력 신장을 도모하던 제나라를 바라보는 주변국들의 시선은 곱지 않았다. 급기야 여러 나라가 힘을 합쳐 공격했다.

직하에 모여 있던 제자백가들이 흩어졌다. 순자는 초(楚)나라로 향했다. 그 뒤, 제나라가 다시 문화진흥책을 쓰며 직하로 돌아왔다. 이후, 순자는 대학자로서 대접도 받았고, 개인의 학문 연구에도 매진했다.

'사람은 타고날 때부터 본성이 악하다'

순자는 이렇게 사람의 본성을 규정했다. 해서 서로 다투고 빼앗는 어지러운 사회, 즉 무법천지가 되는 꼴을 막기 위해서는 교육이 필요하다고 보았다. 마땅히 스승의 가르침에 따라 예의와 도를 배움으로써 안정된 사회를 만들 수 있다고 여겼다.

순자는 성악설에 기본이 되는 본성은 '본능'과 '욕망'을 지칭한다. 순자의 표현에 따른다면, '배고프면 배불리 먹고 싶고, 추우면 따뜻하게 하고 싶고, 피로해지면 쉬고 싶다고 하는 마음(飢而欲飽 寒而欲煖 勞而欲休 此人之情性也)'이다.

이상적인 인간형으로 군자를 꼽았던 순자는 수많은 제자들을 두었다. 이사와 한비자도 그의 제자다.

진시황의 천하통일을 도운 첫 번째 공신인 이사(李斯).

순자, 荀子 / 기원전 298년 ~ 기원전 238년

순자는 중국 주나라 말기 전국시대의 유교 사상가이자 학자로, 이름은 황(況)이다.
경칭으로 순경(荀卿) 또는 손경자(孫卿子)로도 불린다.

그렇다. 진시황의 분서갱유를 기획하고 추진한 인물이다.

'사기' 등 중국 고전에 따르면, 이사는 매우 뛰어난 인물이다. 분서갱유 사건도 어찌보면 법가로서 자신의 사상적 신념에 충실했다고 볼수 있다.

이사는 본래 초(楚)나라 출신이다. 진시황의 부름을 받아 진나라의 객경(客卿), 즉 외국 출신의 대신이 되었다.

사마천의 '사기'에 수록된 '이사 열전'에 따르면, 이사는 순자에게 천하를 다스리는 제왕의 기술을 배웠다. 순자 문하에서 아주 큰 정치적 야심과 야망을 품었다. 그런 야심과 야망을 품고 진나라를 찾아가 진시황의 신임을 얻었던 것.

당시 이사는 대학자였다. 권모술수의 대가였다. 그렇지만 그의 의식 속엔 순자의 가르침이 늘 자리잡고 있었다.

"재물이 많으면 두렵게 된다."

진나라의 승상으로 무소불위의 권력을 손에 쥐고 있던 이사는 스승 순자의 가르침을 떠올리며 가족들을 데리고 고향으로 내려가려고 했다. 그러나 그러지 못했다. 욕망 탓이다.

이사는 한때 낮은 벼슬살이를 한 적 있다. 화장실에서 볼일을 보다 배설물을 훔쳐 먹는 쥐를 보았다. 그 뒤 나라의 곳간에서 곡식을 훔쳐 먹는 쥐를 보았다. 그런데 두 곳의 쥐는 배를 채우는 방법도 다르고, 몸집도 달랐다. 이런 경험을 통해 이사는 '사람도 쥐처럼 능력이 아니라 처한 처지에 따라 달라진다'는 이치를 터득했다.

그런 깨달음을 갖고 난 뒤, 이사는 미천한 관직을 걷어찼다. 제나라에 있는 순자를 찾아갔다. 공자의 유학을 계승한 유학의 대가 순자 문하에서 법치를 배웠다. 스승 순자를 통해 제왕의 술수를 터득했다.

순자의 사상엔 법가사상이 깊이 배었다. 그런 자신의 사상과 통치술 등을 이사에게 전했지만 순자는 마음이 편하지 않았다.

학업을 마친 뒤, 나라를 다스리는 벼슬살이를 하겠다고 나서는 이사에게 순자는 훈수를 전했다. 내용인 즉, 나갈 길과 물러날 길이었다.

순자의 문하에서 나온 이사는 진나라로 건너갔다. 태후가 뒤를 봐주는 여불위의 수하가 되었다. 금세 능력도 인정 받았다.

탁월한 능력을 발휘해서 자신의 입지를 단단하게 구축했다. 진나라 임금인 진시황의 신임도 두터웠다.

그러던 때, 어떤 사람이 한비자의 저서 '한비자'를 진나라로 가져갔다. 진시황이 '한비자'를 읽게 되었다. 책을 읽고 난 뒤 이렇게 말했다.

"이 사람을 만나게 된다면 죽어도 여한이 없겠노라."

이후, 진나라는 한나라를 공격했다. 위기에 빠진 한나라에 특별한 휴전 조건을 제시했다. 한비자를 사신 자격으로 진나라에 파견하라는 것.

그 때까지 한나라는 한비자를 등용한 적 없다. 하지만 사정이 급박해지자 한비자를 사신으로 등용해 진나라에 파견했다. 이로써 진시황은 한비자를 만나게 된다.

진나라를 찾아 온 한비자를, 이사는 달갑게 여기지 않았다. 학문의 깊이로 보나, 명성으로 보나, 자신이 한비자를 뛰어넘을 수 없다고 판단해서다.

만약 진시황이 한비자를 중용하게 된다면 자신의 앞날은 불을 보듯 뻔했다. 손에 쥐고 있는 부귀영화가 바람처럼 사라질 판이었다.

이사는 한비자를 제거하기로 마음을 굳혔다. 사신인 한비자를 비방하며, 한나라로 돌려보내지 말고 죽이자고 진시황을 설득했다.

이사의 꾐에 빠진 진시황은 옥에 갇힌 한비자에게 독약을 내렸다. 자결을 강요했다. 동문수학한 관계라 이사의 인성을 누구보다도 잘 알고 있는 한비자는 진시황이 내린 독약을 마시고 자결했다.

한비자는 조국 한나라가 멸망하기 두 해 전에 죽었다. BC 233년이다. 그때 한비자의 나이는 40대 후반이었다.

한비자의 법가사상은 진시황의 통치술에 많이 반영되었다고 보는 것이 일반적인 견해다. 한비자는 죽었지만 순자 문하에서 동문수학했던 친구 이사가 진시황 곁에 있었다. 따라서 진시황의 통치철학에 한비자의 법가사상이 알게 모르게 투영되었다고 본다.

아무튼 한비자를 버린 조국 한나라는 망했다. 반면, 한비자의 사유를 받아들인 진나라는 흥했다. 진시황은 약 20년 뒤, 천하를 통일했다.

한비자는 사상가로서 인생의 꽃을 피우지 못했다. 꽃망울을 터뜨리기도 전에 시들어 떨어졌다. 꽃을 피우지 못한 슬픈 천재다.

하지만 공자나 맹자 같은 존칭은 받은 한비자의 사상은 오늘날까지 이어진다. '한비자'는 단순한 고전이 아니다. 어제와 오늘도 그렇지만 내일도 반드시 다시 펼쳐볼 불후의 명작이다.

17

'동양의 마키아벨리' 한비자

'공자(公子)'는 제후의 자제다. 한비자의 신분이다. 그렇지만 한비자는 서자 출신이었다. 왕족이었지만 어머니의 신분이 낮아서 늘 비주류였다.

그런데 한비자는 말더듬이였다. 망해가는 조국 한나라를 구하기 위해 왕을 만나기도 했지만 왕은 한비자를 중용하지 않았다. 한비자가 말더듬이였던 탓도 있었던 모양이다.

서자 출신이자 말더듬이인 왕족 한비자는 한나라의 부국강경과 절대 군주의 왕권강화를 위한 방책을 글로 써서 여러 차례 조정에 전했다. 그렇지만 매번 답은 없었다.

그랬으니 한비자의 아픔은 얼마나 컸겠는가. 이런 삶을 살면서 집필한 책이 '한비자'다.

한비자의 조국 한나라는 적국에 둘러싸인 약소국이었다.

약소국이 살아남기 위해서는 실용적인 사상과 이념이 필요했다. 유가사상은 큰 도움이 되지 않았다. 한비자는 법가사상을 통해 강력한 조국을 만들고자 했다. 해서 그의 저서 '한비자'엔 강력한 군주론과 제왕학이 담겼다.

한비자의 저서 '한비자'의 3대 축은 '법치', '술치', '세치'다. 상앙이 외친 법치는 모든 사람이 공평하게 지켜야 '법'을 기본으로 삼고 있고, 신불해가 외친 술치는 군주가 간신을 상대로 펼쳐야 될 현명한 통치술인 '술'을 중시하며, 신도가 외친 세치는 군주가 반드시 겸비해야 될 권세 혹은 권력인 '세'를 강조한다.

한비자는 상앙의 법치, 신불해의 술치, 신도의 술치를 융합시켰다. 군주가 현실적으로 갖추어야 될 통치의 방책을 통합시킨 것이다. 저서 '한비자'를 저술하기 이전의 법가사상을 집대성했던 것이다.

군주론(君主論). 16세기 르네상스 시대, 이탈리아의 정치이론가인 마키아벨리의 저서다.

마키아벨리는 이탈리아의 통일과 번영을 꿈꾸며 새로운 정치사상을 모색한 정치사상가다. 그가 1513년에 쓰고 1532년에 출간한 '군주론'은 권력자 로렌조 메디치에게 헌정되었다. 마키아벨리는 군주의 부름을 소망하며 이 책을 썼지만 이루어지지 않았다. 그래서 불우하게 살다가 갔다.

니콜로 마키아벨리
Niccol Machiavelli / 1469년 5월 3일 ~ 1527년 6월 21일
르네상스 시대 이탈리아의 사상가, 정치철학자다.
그는 레오나르도 다 빈치와 함께 르네상스인의 전형으로 알려져 있다.

그러나 이후, '군주론'은 불후의 명작이 되었다. 인류의 역사를 바꾸는데 크게 기여했다.

오늘날의 사람들은 한비자를 '동양의 마키아벨리'라 부른다. 처절한 아픔을 겪으며 살다간 두 사람의 인생 여정은 엇비슷하다. 두 사람의 저서가 역사에 남긴 발자취가 대동소이하다. 바로 이런 점도 한비자를 '동양의 마키아벨리'로 부르는 이유가 아닐는지.

18

한비자의 법치론과 술치론

정법(定法). '정해진 법칙'이란 뜻이다. '법을 정한다'는 뜻도 담고 있다.

한비자는 저서 '한비자'의 '정법(定法)편'에 상앙의 법치와 신불해의 술치에 대한 개념을 나름대로 정리해 두었다. 상앙의 법과 신불해의 술에 대한 자신만의 해석에 따라 보태거나 빼기도 하고, 논리의 체계를 잡아두었다.

'한비자'에 실린 법과 술의 의의와 중요성이다. 형식은 문답체다.

"신불해와 상앙, 이 두 학파의 학설 중에 어느 쪽이 나라에 더 절실합니까?"

이러한 질문에 한비자는 이렇게 말했다.

"어느 쪽이 더 절실하다고 말하기란 매우 힘들다.

술이란 신하들을 죽이고 살릴 수 있는 칼자루를 쥐고 있는 군주가 능력에 따라 신하들에게 관직을 주고, 실적에 따라 그 신하의 능력을 평가하는 것이다. 그러니 술은 군주가 반드시 쥐고 있어야 되는 것이다.

법이 무엇인가.

공포된 법령은 관청에 가면 찾아볼 수 있다. 백성들은 형벌을 잘 알고 있다. 백성들의 마음속에 새겨져 있기에 상은 법을 지키는 자에게 주어야 되고, 벌을 법을 어긴자에게 가해지는 것이다. 이 역시 신하는 받들어야 된다.

군주에게 술이 없다고 가정해 보자. 윗자리에 있는 신하의 눈과 귀는 가려진다.

신하에게 법이 없다고 가정해 보자. 그 아랫자리는 어지러워질 것이다.

이렇기에 법과 술은 어느 것 한가지라도 없으면 안 된다. 둘다 제왕이 반드시 갖추어야 될 덕목이다."

한비자가 이렇게 대답하자 법과 술의 중요성을 물었던 사람은 만약 군주가 법과 술을 장악하지 못하면 어떤 문제가 발생하냐고 물었다.

이에 한비자는 이렇게 대답했다.

"신불해는 한나라 소후를 보좌했다.

진(晉)나라에 뿌리를 둔 한나라엔 진나라의 법이 남아있었고, 한나라의 군주들은 계속 새로운 법을 만들어냈다.

그러다보니 신불해는 한나라의 법을 장악할 수 없게 됐고, 법을 교묘하게 이용하는 신하와 백성이 늘어났다. 득이 되면 따랐고, 득이 안 되면 따르지 않았다.

옛 법과 신법이 충돌하니 신불해의 술치는 통하지 않았다. 신하들은 신불해를 농락했다.

신불해는 17년 동안 노력했지만 주군인 소후는 바라는대로 통치를 하지 못했다.

신불해 술치는 결실을 맺지 못했다. 옛 법과 신법이 충돌하다보니 간악한 신하들을 통제할 수 없었던 것이다.

상앙은 진(秦)나라에서 법치를 펼쳤다. 연좌제도 실시했다. 열집 또는 다섯집을 묶어 죄를 지으면 함께 벌을 주고, 상을 줄 때도 함께 주었다.

이런 법치 덕분인지 진나라는 더욱 부유해지고 강성해졌다.

그렇지만 상앙은 신하들을 관리하는데 실패했다. 진나라의 부국강병은 결과적으로는 신하들의 곳간을 채우고 그들의 입지를 더욱 다지는데 도움을 주었다.

상앙과 효공이 죽은 뒤, 그런 현상은 더욱 심해졌다. 진나라가 다른 나라를 공격해서 승리를 해도 신하들의 봉토가 늘어났고,

신하의 패거리들이 등용됐다.

　이런 현상이 나타난 것은 군주가 술로써 간신들을 구분하지 못한 탓이다. 상앙의 법치는 간악한 신하들에게 먹히지 않았다."

　이렇게 법치와 술치의 개념을 이렇게 정리한 한비자는 법치와 술치도 완전한 것이 아니라고 여겼다. 한비자는 저서 '한비자'의 '정법(定法)편'에서 상앙의 법치와 신불해의 술치는 한계가 있다고 지적했다.

| 19 |

진시황과 오두, 그리고 법가사상

진시황의 진나라는 원래 국가의 이름도 없는 작은 부족국가였다. 변방의 작은 부족국가가 국명을 갖고, 강대국으로 우뚝 서기까지는 자그마치 3백 년이라는 세월이 걸렸다.

진시황이 이룬 천하통일의 기반은 그제서야 닦였다. 효공 때다. 위나라에서 온 상앙이 효공을 도왔다. 상앙의 변법 덕분에 진나라의 국운은 나날이 번창했고, 진나라는 법치의 국가로 변신했다.

진시황을 도와 천하통일의 동력을 다진 사람은 이사다. 순자의 문하에서 한비자와 동문수학한 이사는 진시황의 마음을 움직여 국운을 융성시켰고, 천하통일의 기반을 단단하게 다졌다.

진시황은 정치학과 경영학을 아우르는 고전인 한비자의 저서 '한비자'를 탐독했다. 어떤 사람이 진나라에 전한 '한비자'는 진나라에서 베스트셀러가 됐고, 진시황은 '한비자'에 실려 있는 '고분(孤憤)'과 '오두(五蠹)', 이 두 편을 읽고 그 매력에 푹 빠졌다고 전해 온다. '한비자'의 일부 대목만 보고, 진시황은 '제왕학', '부국강병론', '체제개혁론' 등을 서술한 '한비자'의 가치를 인정했던 모양이다.

고대 유가의 맥은 공자에서 시작돼 순자로 이어졌다. 공자 사후에도 사상가들은 천하경영을 논했고, 자연스럽게 전파된 공자의 사상은 유가라는 학파를 형성하게 되었다.

그렇지만 세상은 달라진 것이 없었다. 공맹사상으로 정치는 발전하고, 백성의 의식은 높아져야 될텐데도 세상은 갈수록 혼탁해졌다.

부국강병에만 골몰하는 군주들 앞에서 유가는 난세를 헤쳐나갈 해법을 제시했지만 늘 무용지물이었다. 각국의 군주들이 원하는 것은 유가사상이 아닌 법가사상이었다.

전국시대가 시작 되면서 등장한 법가사상은 세월이 흐르면서 체계화됐다. 전국시대 중기, 상앙이라는 법가를 대표하는 대사상가가 등장했다. 부국강병과 군주의 권력 강화에 무게 중심을 둔 상앙의 변법은 진나라의 발전에 크게 기여했다.

상앙 못지않게 법가사상의 중요성을 설파한 사상가는 신불해와 신도다. 그렇기는 하지만 상앙의 법치, 신불해의 술치, 신도의 세치가 완벽한 법가사상은 아니었다. 그 한계를 파악하고, 넘치고 부족한 대목은 덜어내고 메워서 집대성한 사람이 한비자다.

한비자는 상앙 등 앞선 사상가들의 법가사상을 집대성하는데 그치지 않았다. 다른 분야의 사상까지도 끌어다가 법가사상의 완성도를 높였다.

한비자가 그렇게 완성한 저서 '한비자'가 군주들의 필독서가 되자 진시황은 '한비자'를 읽게 되었고, 사상가 한비자를 곁에 두길 원했다. 아이러니하게도 그 무렵, 진시황의 곁엔 한비자와 동문수학한 이사가 머물고 있었다.

천하통일 전, 진시황은 외국인 인사 추방령을 내린다. 진시황이 자신이 등용한 외국 인사들을 추방하겠다고 나선 것은 대규모 수로공사에서 발생한 일로 외국인 기피현상이 일어났던 탓이다.

초나라에서 진나라로 들어왔던 이사 역시 추방 대상자 명단에 올랐다. 이사는 '간축객서'라는 글을 써서 진시황의 마음을 바꿨다. '간축객서' 안엔 이런 내용도 들어 있다.

'효공은 상앙의 법을 써서 풍속을 변혁시켜 백성들이 그 때문에 번성하고 나라가 그 때문에 부강해졌으며, 백성들이 쓰여지기를 좋아하고, 제후들이 가까이 하고 복종하였습니다.'

이사의 '간축객서'를 통해서도 진시황은 법가사상의 필요성을 절실하게 느꼈으리라. 그러던 차에 '한비자'라는 책을 탐독하게 되었으니 상앙의 법치, 신불해의 술치 등을 통합한 한비자에 애착이 얼마나 깊었을까.

진시황은 '한비자'에 들어 있는 두 편의 글을 읽고 한비자한테 반했다는데, 그 두 편 중 한편이 '오두(五蠹)'다.

오두(五蠹). '다섯 마리 좀벌레'라는 뜻이다. '두(蠹)'는 '나무 속에 있는 좀'을 뜻하며, '오두(五蠹)'는 '나라를 갉아서 황폐하게 만드는 사람'을 지칭한다.

한비자가 '나라'라는 나무를 갉아서 먹으면서, 나라를 황폐하게 만드는 나무 좀 벌레 같은 사람이라고 지칭한 대상은 구체적으로 어떤 부류일까.

첫 번째는 유자(儒者), 즉 학자다.

두 번째는 언담자(言談者), 즉 세객(說客)이다.

세 번째는 대검자(帶劍者), 즉 유협객(遊俠客)이다.

네 번째는 환기어자(患其御者), 즉 평민 신분을 버리고 세도가의 종으로 된 부류다.

다섯 번째는 상공민(商工民)이다.

한비자는 인의와 도덕을 숭상하는 정치를 주장하는 유가의 학자들, 자기 의견 또는 자기 소속 정당의 주장을 선전하며 돌아다니는 자들, 호방하고 의협심이 있는 듯하지만 볼품없는 무력으로 나라를 어지럽히는 협객들, 권세에 빌붙어 병역이나 조세 부담이 없는 권문 귀족들, 농민의 이익을 빼앗아서 먹고 사는 상공인 등을 국가와 사회를 망가뜨리는 좀 벌레로 보았다. 그러면서 이런 다섯 부류의 좀 벌레를 박멸해야만 나라가 부강해지고 사회가 발전한다고 주장했다.

진시황도 '한비자' 중 '고분'과 '오두'를 으뜸으로 꼽았지만 사마천 역시 이 두 편을 '한비자'의 최고 걸작이라 칭송했다.

그렇다면 '고분'엔 어떤 내용이 담겨 있을까.

'한비자' 제11편인 고분. '고분(孤憤)'이란, 사전적 의미는 '세상에 대하여 홀로 분하게 여김'이다.

'한비자' 49편인 '오두'는 사회를 대상으로 삼고 있는데, '고분'은 '조정(朝廷)'이 비판의 대상이다.

한비자 자신도 그랬지만 법가 사상가 대부분은 군주의 총애를 받기 힘들었다. 가까이 듣고 멀리 보는 통찰력을 갖고 있는 법가 사상가들은 군주도 곁에 두기를 꺼렸다. 왜냐하면, 법술에 정통한 사상가들은 아득히 먼 미래에 일어날 일도 얼추 예견하고, 법도를 준수하는 것을 이상으로 치며, 강인하고 강직한 심성을 갖고 있었다. 그러니 눈앞에 있는 사적인 이익에 눈이 팔려 수시로 법도를 어기고 자신과 집단의 이익만 추구하느라

나라의 망조를 불러오고 사회를 병들게하는 간신들과 충돌할 수 밖에 없었다. 심지어는 자신이 모시는 군주의 일탈도 봐주지 않고 바로 잡으려 들었다. 그러니 군주의 사랑을 어찌 받겠는가.

법가 사상가들은 등용되기 힘들어 대부분 지위가 낮고, 외롭고, 한스러운 삶을 살았다. 그래서 한비자는 '세상에 대하여 홀로 분하게 여김'이라는 뜻을 가진 단어 '고분(孤憤)'으로, 저서 '한비자'의 한 편을 엮었던 모양이다.

다음은 간추린 '오두'의 내용이다.

… 송(宋)나라에 밭을 가는 자가 있었다. 밭 가운데 그루터기가 있었다. 토끼가 달려가다 그루터기에 부딪혀 목이 부러져 죽었다. 밭을 가는 농부는 죽은 토끼를 얻었다.

농부는 쟁기를 버리고 그루터기를 지키며 다시 토끼가 달려 나와서 그루터기에 부딪혀 죽기를 기다렸다. 그런데 토끼는 나오지 않았다.

농부는 계속 그루터기 앞에서 토끼를 기다렸다. 그러나 다시는 그렇게 토끼를 얻을 수 없었다. 그뿐 아니다. 농부는 송나라의 웃음거리가 되고 말았다.

선대 왕들의 정치를 좇아 오늘의 백성을 다스리려고 하는 것은 모두 그루터기를 지키는 것과 다를 바 없다.…

지금 유가와 묵가는 모두 선대 왕들이 천하를 두루 사랑해서 마치 부모처럼 백성들을 사랑했다고 한다. 그 말을 입증할 수 있겠는가. 형벌을 관장하는 벼슬아치가 형벌을 시행하면 군주는 음악을 즐기지 않았고, 사형을 집행한다는 보고를 받으면 군주는 눈물을 흘렸다고 하는데, 이런 선왕의 사례가 옳은 건인가.…

법에 따라 형벌을 집행함에 군주가 눈물을 흘리는 것은 인자함을 보여주는 것이다. 이를 통치라 할 수는 없는 일이다. 눈물을 흘리며 형을 집행하지 못하는 것은 인이라 할 수 있다. 눈물을 흘리면서도 형을 집행할 수 밖에 없는 것은 법이다. 선왕이 법을 우선시하고 형을 집행함에 눈물을 흘리지 않는 것은 인을 통치의 기본으로 삼을 수 없다는 것을 분명하게 보여주는 것이다.…

백성이란 권세에 복종하지만 의를 실천할 수 있는 자 적다. 공자는 몸을 닦고 도를 밝히며 천하를 주유했다. 세상 사람들은 성인 공자의 인과 의를 찬양했다. 그렇지만 공자에게 복종한 자는 70명이었다. 이렇듯 인은 귀하게 여기나 의를 실행한 자는 거의 없다.…

지금 학자들은 군주들에게 반드시 사람을 복종시키는 권세에 의지하지 말고 인의를 실행하는데 힘을 쓰면 왕 노릇을 제대로

할 수 있다고 말한다. 그렇다면 군주가 공자에 버금가는 성인이어야 하고, 백성은 모두 공자의 제자처럼 되란 말인가. 결코 실현할 수 없는 요구다.…

유가는 문학으로 법을 어지럽힌다. 협객은 무력으로 하지 못하게 한 법령을 어지럽힌다. 그런데 군주는 이들을 예우한다. 이것이 나라가 어지러운 이유다.
　법을 벗어난 자는 벌을 받아야 된다. 그런데 군주는 법을 어긴 유가나 협객을 취하거나 양성한다.…

본디 백성은 안전과 이익은 취하고 위험과 궁핍은 피한다. 자기 집안일을 버리고 전쟁터에 나가면 적에게 죽게 되고, 전쟁터에서 도망치면 처벌을 받아 죽는다. 이러다 보니 권세가 있는 자들을 섬겨 노역을 면제 받고, 군역도 멀리하게 된다.…

학자는 선대 왕들의 도를 칭찬한다. 인의를 내세우며 변설로 군주의 마음을 어지럽힌다. 담론을 말하는 자는 거짓을 늘어놓고 바깥 나라의 힘을 빌려 사적 이익을 취한다. 칼을 찬 자는 무리들을 모으고 절개를 자랑하며 법으로 금지한 일들을 해댄다. 권세의 맛을 아는 자는 권세가 있는 사문에 빌붙어 뇌물을 바치고 군역도 피한다. 상공업에 종사하는 자들은 거칠고 값싼 물건을 쌓아

놓고 때를 기다렸다가 농부들의 이익을 가로챈다.

이 다섯 부류의 인간들이 나라를 갉아 먹는 좀 벌레들이다. 군주를 이 다섯 좀 벌레를 제거하고, 도를 지키는 인사들을 길러내야 한다.

이런 골자로 엮어진 '한비자' 제49편 오두. 한비자는 '오두'를 통해 '군주와 신하의 관계를 어버이와 자식의 관계'로 여기는 유가와 묵가를 비판했다. 나라를 혼란스럽게 하는 다섯 부류의 좀 벌레를 제거하지 않으면 나라가 멸망해도 이상한 일이 아니라고 주장했다.

'오두'는 한비자가 당시 사회의 모순을 체계적으로 지적한 명저로 평가 받는다.

20

공과 사는 구분하라!

식사(飾邪). '남을 속이기 위해 거짓을 꾸민다는 뜻'이다.

'한비자' 제19편은 '식사'다. '사악함을 경계하라'는 메시지를 담고 있다.

이 식사편엔 '점과 미신을 경계하라'는 내용도 있다. 거북의 등딱지를 보고, 산통에서 괘를 나타내는 산가지를 세워 앞날이 길하고 흉하고를 점치며 나라를 다스린다는 것은 법도를 거스르는 일이 아닐 수 없다. 한비자는 이런 미신을 경계하라고 일렀다.

식사편에서 한비자는 힘이 센 주변 제후국들의 도움을 받아 영토를 넓히려고 덤비지 말라고 경계했다. 그러다 망국의 길로 들어설 수 있다고 경고했다.

식사편을 통해 한비자가 경고한 세 번째는 공과 사를 분명히

하라고 했다.

　만약 군주가 법을 버리고 바르지 못한 견해에 따라 통치를 한다면, 신하는 사악해질 것이고, 신하가 사악해지면 법률과 금령은 설자리를 잃게 된다. 나라는 다스린다는 것은 법을 해치는 자를 제거하는 것이다. 그러니 군주는 사악한 신하에게 현혹되어서는 안 되며, 그들의 달콤한 간언에 속아 넘어가서는 안 된다.
　현명한 군주는 공적인 것과 사적인 것에 대한 구분을 명확하게 해야 된다. 법과 제도를 분명하게 세우고, 사사로운 감정을 없애야 된다.
　명령은 반드시 실행하라. 금령은 반드시 지키도록 하라. 그리하는 것이 군주의 도리다.

　한비자는 법은 거울이나 저울과 같다고 생각했던 모양이다. 거울이 움직이면 아름다운 사물도 추하게 보여준다. 저울이 흔들리면 저울의 무게를 정확하게 잴 수 없다.
　사정이 이렇기에 한비자는 법은 공정해야 되고, 이를 위해서는 신상필벌에 하자가 있어서는 안 된다고 여겼다.

21

법은 사람에게 아부하지 않는다!

유도(有道). 유도란 '정도에서 벗어나지 않도록 도덕을 갖추고 있다'는 뜻이다.

'한비자' 제6편, '유도'다. 나라를 다스리는 데 법도가 있어야 된다고 강조한다.

이 '유도편'에 '법은 사람에게 아부하지 않는다'는 대목이 나온다.

뛰어난 목수는 눈대중으로 먹줄을 사용하는 것처럼 맞출 수 있다. 하지만 반드시 먼저 도구를 사용해서 이곳저곳을 잰다.

뛰어난 사람은 민첩하게 일을 해도 사리에 맞게 한다.

먹줄은 곧아야 된다. 그래야 굽은 나무도 고르게 자를 수 있다.

법은 귀한 자에게 아부하지 않는다. 먹줄은 굽은 모양에 따라 구부려 사용하지 않는다.

이런 내용이 담긴 '유도편'에서 한비자가 하고 싶었던 얘기를 무엇일까.

군주가 나라를 제대로 다스리기 위해서는 법도와 상벌을 중하게 여기고, 신하들이 군주의 권세를 함부로 대할 수 없도록 주의하라는 교훈을 설파한 것이다.

22

공평하려면 금령을 지켜라!

수도(守道). '수도'란 '도를 지킨다'는 뜻이다.

'한비자' 제26편 '수도'는 '나라를 지킨다'는 뜻도 있다. '나라를 보존하는 이치'라는 뜻도 담겼다.

이 '수도편'에 이런 대목이 있다.

그 옛날 훌륭한 군주는 백성이 형법을 가볍게 여기는 것을 경계했다. 작은 죄도 무거운 형벌로 다스렸다.

이렇게 해야만 군자도 소인도 바르게 살았다. '증자'와 '효경'을 쓴 노나라 유학자 증삼도, 공자도 그의 정직성을 높이 평가했던 위나라의 신하 사어와 같이 정직하고 청렴해지려고 노력했다.

현명한 군주가 금령을 지킬 때, 춘추시대 탐욕스럽고 포악한 도둑의 대명사로 통했던 도적떼의 우두머리 도척도 나쁜 짓을 삼가고,

바르게 살려고 노력할 것이다.

용감한 자가 언행을 조심하고, 큰 도둑이 바르게 살려고 노력한다면 천하는 공평해 질 것이다. 아울러 백성들의 마음도 바르게 될 것이다.

신상필벌(信賞必罰). 공이 있는 자에게는 반드시 상을 주고, 죄가 있는 사람에게는 반드시 벌을 준다는 뜻이다. 상과 벌은 공정하고 엄중해야 된다는 말이다.

한비자는 '수도편'에서 군주가 나라를 통치하기 위해서는 법도를 바로 세워야 된다고 강조했다. 이를 실현하기 위해서는 상을 줄 때는 후덕하고, 형벌을 가할 때는 엄중해야 된다고 설파했다.

4

공정과 정의

세종대왕의
공정과 정의

23 백성은 나라의 근본 · · · · · · · 112
24 백성과 소통하다 · · · · · · · · 117
25 노비도 신문고를 두드리라 · · · · · 121
26 죄수의 인권을 보호하라 · · · · · · 124
27 집현전의 부활 · · · · · · · · · 131
28 공정한 법 제정 위해 찬반투표 실시 · · · · 134
29 거리낌없이 직언하라 · · · · · · · 138
30 훈민정음에 담긴 애민사상 · · · · · · 140
31 훈민정음 창제의 조력자, 정의공주와 광평대군 · 144
32 영화 '나랏말싸미'의 훈민정음 · · · · · 154
33 소설 '우국이세'의 훈민정음 · · · · · 157

23

백성은 나라의 근본

　세종대왕이 어떤 인물인지, 한국인이라면 아마도 모르는 사람이 거의 없을 것이다. 세종대왕을 다룬 소설도 많고, 드라마도, 영화도 적지 않은 덕분이기도 하리라.
　부득이 다시 또 세종대왕의 인물론을 탐구해야 될 상황이어서 한국민족문화대백과사전을 바탕으로 세종대왕이 누구인지 살펴볼까 한다.
　조선왕조 4대 임금인 세종대왕은 태조 6년인 1397년 태어났다. 세종 32년인 1450년 생을 마감했다.
　세종대왕의 본명은 이도(李陶), 태종의 셋째아들이고 어머니는 원경왕후 민씨(元敬王后閔氏)다. 비는 심온(沈溫)의 딸 소헌왕후(昭憲王后)다.
　태종 8년인 1408년 충녕군(忠寧君)에 봉해지고, 1412년 충녕대군에 진봉(進封)되었으며, 1418년 6월 왕세자에 책봉되었다. 같은 해 8월에 태종의 양위를 받아 즉위했다.

태종 이방원이 왕세자 양녕대군(讓寧大君)을 선택하지 않고, 셋째 아들 충녕대군에 왕위를 물려 준 것은 그만큼 충녕대군의 인간성과 능력이 뛰어났기 때문이다.

태종은 충녕대군을 세자로 책봉하기로 결정하며 이렇게 말한다. "충녕대군은 천성이 총민하고, 또 학문에 독실하며 정치하는 방법 등도 잘 안다"라고.

태종은 충녕대군을 어진 군주감으로 일찌감치 점 찍어 두었던 것이다.

이렇게 해서 왕위에 오른 세종대왕은 한민족의 가장 위대한 역사 인물 중 한 사람이 되었다. 세종대왕 재임 시절은 우리 민족의 역사상 가장 찬란한 문화를 이룩한 시대였다. 물론 이 시기엔 정치적으로도 매우 안정됐고, 경제 분야와 사회 분야의 기틀도 마련되었다. 태조 이성계가 역성혁명을 통해 고려를 무너뜨리고 세운 조선왕조의 국가적 체계가 확고하게 다져진 시기였다.

아버지 태종은 강력한 왕권을 확립했다. 덕분에 아들 세종대왕은 비교적 순탄하게 통치를 할 수 있었다. 조선왕조 개국 공신들이 거의 다 사라진 뒤였고, 피비린내 나는 왕자의 난이나 숙청을 하지 않아도 되는 시기였다.

세종대왕이 집권하던 시절, 집현전을 통해 많은 학자가 양성돼 인물들이 넘쳤고, 관료들의 정치 기강도 비교적 건전했다. 여러 가지 사정들을 살펴본다면 세종대왕은 역대 왕들에 비해 참 운이 좋은 편이었다.

세종대왕의 빛나는 업적은 참으로 많다. 그 가운데 가장 빛나는 업적은 훈민정음의 창제다. 훈민정음 창제는 조선왕조를 뛰어넘어 우리 민족의 찬란한 문화유산 중에서도 가장 훌륭하다.

세종대왕이 집현전을 통해 길러 낸 학자들은 오늘날까지 그 명성이 자자한 인물들이다. 최항, 박팽년, 신숙주, 성삼문 등 세종대왕을 보필한 집현전 학자들은 그 학문적 경지와 인격이 대단히 높았다. 이들의 도움을 받아 세종대왕은 성군 중의 성군이 될 수 있었다.

이성계가 세운 조선왕조는 500년 동안 이어졌다. 조선왕조의 역대 임금은 스물일곱 명이었다. 그 가운데 세종대왕만큼 훌륭한 임금은 찾아보기 힘들다.

아버지 태종은 왜 큰 아들에게 왕위를 물려주지 않고 셋째 아들인 세종대왕에게 왕위를 물려 주었을까.

세종대왕은 공부벌레로 유명하다. 그는 책 속에서 시대의 지혜를 얻고, 현장 경험을 통해 실무를 익혔다. 똑똑하면서 부지런하니 태종은 어린 세종대왕을 눈여겨 보았던 것이다.

세종

왕위에 오른 세종대왕은 태종의 선택이 틀리지 않았음을 여실히 보여주었다. 태종이 단단히 다져 놓은 안정된 정치적 기반 위에서 세종대왕은 어려서부터 꿈꾸던 이상국가를 건설하기 위해 오랫동안 준비해 두었던 국가 정책들을 한 가지 한 가지 실현해 나갔다.

혹자는 세종대왕을 레오나르도 다빈치에 비유한다. 그러나 세종대왕이 이룬 업적을 보면 레오나르도 다빈치는 비교 대상이 안된다. 세종대왕 시절에 이루어진 한글 창제, 측우기, 혼천의, 역법, 음악, 의서, 지리지, 법제 등의 업적을 헤아려 보자면 어떻게 레오나르도 다빈치와 비교하겠는가.

세종대왕은 그 많은 업적을 쌓는 동안 수많은 역경을 이겨냈다. 그의 업적들이 하루아침에 뚝딱 이루어진 것이 아니고 인간이 감당하기 힘든 고초 속에서 이루어졌다. 세종대왕은 자신이 구상하는 이상국가를 만들기 위해 우선 자신의 지혜와 소양을 부지런히 닦았다. 그런 뒤 자신의 가치를 공유할 수 있는 당대 최고의 인재들을 공들여 골랐다. 그런 다음 인재들과 함께 이상국가 건설을 위한 밑그림을 그렸다. 그 뒤 흔들리지 않고 설계된 국정을 실현했다.

　하지만 세종대왕의 눈이 충혈돼 있고, 마음이 반듯하지 못했다면 모든 것이 사상누각에 불과했을 것이다. 다행스럽게도 세종대왕의 가치관과 세계관은 공정하고 정의로웠다. 그리고 그의 눈은 늘 힘 없는 백성을 향하고 있었다. 다시 말해서 세종대왕이 가장 중요하게 여겼던 가치판단의 기준은 '백성이 나라의 근본'이었다.

　세종대왕이 한글을 창제하고, 수많은 과학기기를 발명하고, 잘못된 법과 제도를 고친 것은 순전히 애민사상에서 비롯되었다. 세종대왕은 늘 힘없는 백성을 먼저 생각하고, 백성을 어떻게 하면 편하고 잘 살게 할 것인지를 고민했다. 바로 이런 점 때문에 오늘도 우리는 세종대왕을 위인이라 부르는 것이다.

24

백성과 소통하다

세종대왕의 국정철학은 '백성을 위한 정치'였다. 백성을 위한 정치를 최우선으로 삼은 세종대왕은 민생의 안정과 백성의 인권 신장을 끊임없이 추구했다.

한영우 교수의 '세종평전' 170페이지엔 '수령이 부임할 때마다 반드시 만나보고 백성의 생활안정에 최선을 다할 것을 신신당부했다'고 적혀 있다. 그러면서 세종대왕이 민생을 중요시한 이유를 수령들에게 이렇게 말했다고 소개한다.

"옛날에는 백성들에게 예의와 염치를 가르쳤는데, 지금은 의식이 부족하니 어느 겨를에 다스리겠느냐? 의식이 넉넉하면 백성들이 예의를 알게 되어 형벌에 멀어질 것이다. 그대들은 나의 지극한 마음을 본받아 백성들을 편안하게 기르는 일에 힘쓰라."

'세종평전'에 따르면, 이 말은 맹자가 강조한 말이라고 한다. "백성들이 항산(恒産)이 없으면 항심(恒心)을 갖지 못하게 되고, 항심이 없으면 무슨 짓이든 한다."

왕도정치(王道政治)는 맹자의 정치사상이다. 무력이나 강압과 같은 물리적 강제력으로 다스리는 패도정치와 대비되는 정치사상으로 도덕적 교화를 통해서 순리대로 정치를 하는 것을 뜻한다.

예나 지금이나 국가 권력이 힘으로 사람을 복종시키려 하면 국가 구성원이 복종하지 않는다. 맹자의 왕도정치처럼 덕으로 어진 정치를 실시하면 국가 구성원은 진심으로 따르게 된다.

'곳간에 곡식이 가득 차야 백성들이 염치를 알게 된다'는 성현들의 가르침을 통해 세종대왕은 경제생활의 안정이 왕도정치의 첫걸음임을 알았고 이런 왕도정치를 실천한 임금이 세종대왕이라고 '세종평전'은 평가했다.

그러면서 '세종평전'은 '백성을 굶어 죽게 한 수령은 곤장 100대를 때린 사례'를 소개한다.

세종대왕은 민생을 가장 위협하는 재난인 흉년에 대비한 정책을 늘 염두해 두었다. 흉년에 백성들이 굶어 죽는 일이 세종대왕의 큰 걱정이었다.

세종 3년과 4년, 극심한 흉년이 들자 세종대왕은 굶어 죽는 사람이 한 사람이라도 생기면 그 고을의 수령을 처벌하겠다고 선언했다. 세종대왕은 제도를 정비해서 흉년이 들어도 백성들이 굶어 죽지 않도록 단단히 대비했다. 국가가 보유한 곡식을 나누면 흉년에도 굶어 죽는 백성이 없을 텐데, 수령이 노력을 하지 않아 굶어 죽는 백성이 생긴다고 여겼다. 그래서 세종대왕은 아사자 즉, 굶어 죽는 사람이 생기면 수령을 처벌하겠다고 선언을 했던 것이다.

그런데도 흉년에 굶어 죽는 백성이 있었다. 그래서 세종대왕은 해당 고을의 수령들을 잡아다가 곤장 100대를 때렸다.

'세종평전'은 흉년이 들었을 때 세종대왕의 절제된 식습관을 소개한다.

임금이나 왕실의 생활도 대폭 절약했다. 원래 세종은 육류가 없으면 식사를 하지 못하는 식습관이 있었다. 세종의 지병인 당뇨병이나 풍증도 어쩌면 이런 식생활습관과 관련이 있어 보인다. 이런 식습관은 사냥을 즐기면서 육식을 많이 했던 태종의 영향을 많이 받은 때문으로 보인다. 그동안 국상 중이라 육류를 오랫동안 먹지 못했지만 흉년까지 겹치니 육류를 먹기가 미안하여 채소를 주로 먹었더니 몸이 야위고 얼굴빛이 꺼멓게 변하여 신하들이 임금의 건강이 걱정되어 이구동성으로 육류를 드시라고 강권하자 마지 못해 육류를 들기 시작했다.

흉년이 들면 즐기던 고기도 먹지 않았다는 세종대왕. 그가 흉년의 원인을 어디서 찾았는지 '세종평전'은 소개한다.

세종은 흉년이 들 때마다 그 책임이 정치를 잘못한 임금에게 있다고 보고, 여러 신하들에게 좋은 정책이 무엇인지를 숨기지 말고 건의하라고 명하여 좋은 의견이 올라오면 이를 모두 채택하여 정책에 반영했다.

세종시대의 좋은 정책은 임금의 생각으로 이루어진 것도 적지 않았지만, 그보다는 여론의 힘으로 이루어진 것이 더 많았다. 세종은 권력도 나누어 갖기에 힘썼지만 신민(臣民)과의 소통을 누구보다도 존중한 임금이었다. 훈민정음도 신민과의 소통을 위해 창제된 것이 아닌가?

25

노비도 신문고를 두드리라

'노비(奴婢)'란, 표현이 어색할지 모르겠지만 사전적 의미는 '사내종과 계집종을 아울러 이르는 말'이다. 노비의 '노(奴)'는 남자 하인, '비(婢)'는 여자 하인을 의미한다.

노비는 전통적 신분제 사회에서의 최하층 신분이다. 통속적으로는 '종'이라 불렀다.

우리나라의 전통사회는 안타깝게도 신분제 사회였다. 각기 다른 사회적 특권과 제약을 가지고 있는 여러 개의 신분 계층이 상하로 연결되어 신분의 위계 체계를 형성하고 있었다. 구조는 크게 보아 귀족, 양인, 천인으로 이루어져 있었다. 천인의 대표적 존재가 바로 노비였다.

고조선의 법률에 "남의 물건을 훔친 자는 그 집의 노비로 삼는다."고 했다. 부여의 법률에서는 "살인자의 가족은 노비로 삼는다."고 했다. 이런 기록으로 보아 우리나라의 노비제도는 삼국시대 이전부터 존재했던 것으로 보인다.

전통 사회의 노비는 크게 둘로 구분된다. 국가 기관에 예속된 공노비와 개인에게 예속된 사노비로 나뉜다.

고려시대에도 그렇지만 조선시대에도 노비를 관리하는 문제는 국가의 주요 현안이었다. 태조에 이어 태종도 이 현안을 슬기롭게 해결하기 위해 적절한 대책을 강구했다. 법률도 정비하고 관련된 문제를 해결하기 위한 조치를 취했다. 이런 일련의 대책과 조치는 사노비를 공노비로 만들어 국가의 재정적 기반을 공고히 하고 동시에 새로운 왕조의 신분 질서를 재확립하려는 데 목적이 있었다.

세종대왕은 두 차례에 걸쳐 나머지 노비 문제의 제도개선에 나섰다.

'세종평전'은 세종대왕의 노비를 사랑하는 마음이 간절했다고 적고 있다. 세종대왕은 관비의 출산 휴가를 7일에서 100일로 늘렸고, 출산 전에도 한 달의 휴가를 주도록 했다고 한다.

그런가하면 세종대왕은 여자종이 신문고를 치지 못하도록 막은 의금부 관원을 사헌부에서 국문하라고 명했다. 의금부 관리가 광화문에 걸린 종을 치자 그 연유를 캐묻던 세종대왕은 승정원 관리에게 이렇게 말했다고 '세종평전'은 전한다.

"신문고를 설치한 것은 사람들이 마음대로 칠 수 있게 하여 아랫백성들의 사정이 위에 통할 수 있게 하려는 것이다. 무슨 까닭에 금했는가? 만약 진술한 말이 사실이 아니라면 죄는 그 사람에게 있는 것이니, 북을 관리하는 사람에게 무슨 상관이 있겠느냐마는 이와 같이 금지를 당한 사람이 반드시 많이 있을 것이니, 그 의금부 당직자를 사헌부에 내려 국문하라."

세종대왕이 이런 엄명을 내린 것은 여자종이 신문고를 치지 못하고 종을 친 것은 의금부 당직원이 신문고를 치는 것을 금했기 때문이라는 걸 알았기 때문이다.

이후, 세종대왕은 노비도 당당한 하늘이 내린 백성임으로 그들의 신문고 호소를 막아서는 안 된다고 천명했다. 세종대왕은 하늘이 백성을 만들 때 귀천의 차별을 두지 않았다고 보았다. 그런 인식 때문에 세종대왕은 노비를 차별하는 것은 하늘의 이치에 맞지 않는다고 강조했다. 그러면서 세종대왕은 언제나 노비를 줄이려는 정책을 추진했다.

26

죄수의 인권을 보호하라

고려시대까지의 형벌도 그랬지만 조선시대의 형벌도 상상을 초월했다.

'능지처사(凌遲處死)'라는 형벌이 있다. 흔히들 알고 있는 '능지처참'이라는 형벌이다. 산 채로 살을 회 뜨는 형벌로, 사형 중에서도 반역 등 일급의 중죄인에게 실시하는 가장 무거운 형벌이었다. 사형의 종류 중 가장 잔인한 방법이다.

'능지'란, '구릉이 세월이 지나면서 평평해진다는 뜻'이다. '처음에는 성하다가 나중에는 쇠퇴함을 이르는 말'이다. 다시 말해서 언덕을 천천히 오르내리듯 고통을 서서히 최대한으로 느끼면서 죽어가도록 하는 잔혹한 형벌이다. 능지처사형을 당하는 죄인의 경우, 대개 팔다리와 어깨, 가슴 등을 잘라내고 마지막에 심장을 찌르고 목을 베어 죽였다. 또는 많은 사람이 모인 가운데 죄인을 기둥에 묶어 놓고 포를 뜨듯 살점을 베어내되, 한꺼번에 많이 베어내서 출혈과다로 죽지 않도록 조금씩 베어 참을 수 없는 고통 속에서 죽음에 이르도록 했다. 본래는 수레에 팔다리와 목을 매달아 찢어 죽이는 거열형, 시신에 거열형을 가하는 육시(戮屍)와 차이가 있으나 혼용되기도 한다.

동양에서는 이런 형벌이 중국의 원나라 때부터 시작되었다. 우리나라에서는 고려 공민왕 때부터 이 형벌에 대한 기록이 나온다. 이후 조선 초기에도 행해졌다. 특히 연산군과 광해군 때 많았다. 인조 때에는 엄격하게 금지했지만 실제로는 폐지되지 않다가 고종 때 완전히 폐지되었다.

'조선왕조실록'에 따르면 사육신 등을 능지처참하고 효수(梟首)해 3일 동안 백성들에게 공개하게 한 기록이 있다. 광해군 때 허균도 모반죄로 능지처참 되었다고 전한다. 이런 극형은 서양에서도 행해졌다. 루이 15세를 시해하려다 미수에 그친 다미앵은 처형 직전 불에 달군 집게에 의해 팔다리와 가슴, 배의 살이 떼어지는 등 참혹한 고문을 당한 뒤 팔다리가 네 마리의 말에 묶인 뒤 사지가 찢어지는 참형을 당했다.

'부관참시(剖棺斬屍)'라는 형벌이 있다. 이 형벌은 사람이 죽은 뒤 큰 죄가 드러난 경우에 시행되었다. 무덤을 파고 관을 꺼내어 시체를 베거나 목을 잘라 거리에 내거는 형벌이었다. 특히 연산군 때 성행했는데, 김종직, 한명회 등이 이 형벌을 받았다. 다행히도 오늘날 이런 극악무도한 형벌은 없다. 만약 이런 형벌이 행해진다면 인권 문제가 거론돼 전 세계가 떠들썩할 것이다.

우리 민족 최고의 성군인 세종대왕은 백성의 인권과 복지에 온힘을 쏟았다. 당연히 감옥에 갇혀 있는 죄수와 감옥 밖에 있는 죄수의 가족들에 대한 인권도 꼼꼼하게 챙겼다.

조선시대 죄인을 가둔 감옥의 시설과 환경은 형편없었다. 물론 죄수의 인권과 복지도 열악했다. 그러다 보니 옥살이를 하다가 병에 걸려 죽는 사람도 많았다.

'세종평전'은 세종대왕이 옥살이를 하는 죄수들의 인권을 보호하기 위해 어떤 조치를 했는지 알려준다. 감옥에 있는 죄수와 그 가족의 인권에 대처하는 국가의 노력이 부족하다는 것을 세종대왕은 수시로 형조에 알려 질책했다는데, 세종대왕의 생각은 어땠을지 '세종평전'의 언급을 살펴본다.

이 문제를 해결하는 두 가지 방법이 있다고 여겼다. 하나는 재판을 신속하게 진행하여 죄 없는 사람을 신속하게 풀어주는 것이고, 다른 하나는 감옥의 시설을 개선하여 병들어 죽지 않게 보호하고, 또 심하게 추울 때나 더울 때에는 죄수를 일시적으로라도 방면해야 한다고 지시했다.

이런 언급 뒤 '세종평전'은 세종 18년 5월 26일에 세종대왕이 형조에 내린 교지를 소개한다.

"죄수가 감옥에서 고생함이 하루가 1년 같은데, 죄를 범한 사람이 여러 해나 옥에 갇혀 있으면서 항상 차꼬와 수갑을 차고 있으니, 자기 몸만이 고통스러울 뿐 아니라 부모와 처자들에게도 걱정을 끼치게 되어 옥살이로 인하여 대주는 비용이 살림을 파괴하고 집을 잃게 되어 화를 불러서 상하게 하니, 세종 17년 이전의 죄수 가운데 정상이 애매하다든가, 말이 한결 같지 아니하여 해가 지나도록 판결하지 못하고 세월만 보내고 지체된 죄수는 경차관을 보내 강직하고 명석한 수령과 함께 자세하게 조사하여 아뢰도록 하라."

세종은 그해 11월 19일에도 엇비슷한 교지를 내렸다는데, '세종평전'은 이렇게 소개한다.

"감옥의 고통은 하루를 지내기가 한 해를 지내는 것과 같다. 더구나 지금은 흉년이 들어 민생이 곤란하고 겨울철에는 더욱 심하니, 한양과 지방의 죄수가 갇혀서 옥에 있으면 배고픔과 추위가 몸에 사무치고, 처자가 옥바라지하는 것도 매우 어렵다. … 중한 죄를 지어서 옥에 있는 사람은 마땅히 불쌍히 여겨 구휼하고, 그들이 배고픔과 추위에 이르지 않게 하라. 만약 가벼운 법에 처할 사람이 오래도록 고통을 받고 있는 것은 더욱 불쌍히 여길만 하니, 잠정적으로 권도를 따라 내년에 보리 익을 때까지 보석하여 뒤에 다시 추결하도록 하라."

세종대왕은 감옥에 갇힌 죄수들의 인권을 보장하기 위해 이 밖에도 여러 가지 심혈을 기울였다. 그의 노력을 '세종평전'은 이렇게 전한다.

임금은 여기서 더 나아가, 여름에는 죄수가 마실 수 있고, 목욕할 수 있도록 물동이를 감옥에 넣어주라고 명하기도 하고, 수시로 의원을 보내 병자를 치료하라고 명하기도 하고, 여름철 더울 때는 더위를 피할 수 있는 서늘한 곳을 만들어 주라고 하는 등 온갖 지시를 내렸는데, 일일이 다 기록하기가 어려울 정도다.
또 죄인을 심문할 때 등을 때리는 것은 내장을 상하게 하는 것이므로 금지하게 하고, 채찍을 쓰지 못하게 하고, 곤장을 때릴 때에도 뼈에 손상이 가지 않게 하는 등 신중한 심문을 강조했으며, 여자가 죄를 지었을 때에는 모두 형벌에 해당하는 속전(贖錢)을 내게 했고 감옥에는 수감하지 않았다.

이렇게 감옥에 갇힌 죄수들의 인권에 심혈을 기울인 세종대왕은 감옥의 시설도 개선했고, 보건과 위생도 철저하게 만들었다. 그리고 이른바 '삼한법(三限法)'을 제정해서 판결이 지체되는 것을 막았다. 삼한법은 형사상의 송사(訟事), 즉 백성끼리 분쟁이 있을 때, 관부에 호소하여 판결을 구하던 일이 지체되는 것을 막기 위해 기한을 정해 처리하도록 한 법이다. 죄의 무거움과 가벼움을 따져 큰 죄는 90일, 중간의 죄는 60일, 작은 죄는 30일 안에 처결하도록 했다.

'세종평전'은 세종 29년 1월 8일에 형조에 삼한법을 지키라고 명했음에도 불구하고 잘 지켜지지 않고 있다면서 내린 교지를 소개한다.

"감옥의 죄수가 오랫동안 판결이 지체됨을 염려하여 여러 번 교지를 내려 관리를 경계하여 타이르고, 또 삼한법을 만들어 감옥이 텅 비어서 죄수들이 원통하고 억울한 일이 없도록 했는데, 근래에는 감옥의 죄수가 오랫동안 자주 생명이 끊어지는 데 이르니, 내가 너무 슬프다. 무릇 송사를 심히 할 때는 상세하고 명백하며, 또 속히 판결하는 것이 중요한데, 하물며 잘못 형벌에 걸려서 오랫동안 감옥에 있으면 얼마나 원통하고 억울하겠는가? 내가 형벌을 신중히 하는 뜻을 본받아 한양과 변방에 공문을 보내 전에 내린 교지와 육전의 조목과 대소의 옥사를 참고하여 판결하도록 힘쓰라"

이런 교지 내용을 전하여 '세종평전'은 이런 설명을 붙였다.

사실, 세종이 훈민정음을 창제한 목적은 여러 가지지만, 그 가운데 하나가 백성들이 법을 몰라 억울하게 고통을 당하는 것을 안타깝게 여겨, 복잡한 법률조항을 언문으로 풀어서 가르쳐주려는 것도 중요한 몫을 차지하고 있었다. 그러니 임금이 '삼한법'을 정하여 기한 내에 죄수의 잘잘못을 판결하도록 독려한 것은 당연한 일이다.

세종대왕이 훈민정음을 창제한 목적 가운데 하나가 옥중 죄수들의 인권을 보호하기 위함이었다니, 세종대왕은 성군 중의 성군이며, 인류 역사에 길이 남을 공정하고 정의로운 임금이 틀림없다.

27

집현전의 부활

집현전(集賢殿)의 부활도 세종대왕의 주요 업적 중의 하나다.

집현전은 조선 전기 학문 연구를 위해 궁중에 설치한 기관이다. 원래 중국의 제도였던 집현전이 우리나라에서 공식 명칭으로 사용되기 시작한 것은 고려 때다. 그러나 고려의 집현전 제도는 오래가지 못했다.

왕조가 바뀐 뒤 집현전은 부활했다. 조선왕조 2대 임금인 정종 때 설치됐다. 하지만 곧 유명무실해졌다.

세종대왕은 집현전을 궁궐 안에 설치했다. 때는 세종 2년인 1420년이다.

세종이 집현전을 설치할 때 학사의 수는 열 명이었다. 그 뒤 학사의 수는 점차 늘었다. 서른두 명까지 늘었지만 축소된 뒤 스무 명으로 고정됐다.

집현전의 설치 동기는 학자의 양성과 문풍의 진작에 있었다. 세종대왕도 이런 동기에 맞게 집현전을 운영했다.

집현전은 학문 연구기관이다. 기본적으로는 도서의 수집과 보관을 맡는 기관이다. 이런 기본적인 기능 외에도 학문 활동의 기능과 국왕의 자문에 대비하는 기능 등을 가지고 있었다.

세종대왕 시절, 집현전은 유교의 의례와 제도, 그리고 문화를 정리했다. 집현전의 편찬사업은 빼놓을 수 없는 업적인데, 조선 초기 문예 부흥에 크게 기여했다. 특히 훈민정음 창제와 관련된 편찬사업은 한민족의 역사에 길이 남을 훌륭한 업적이었다.

서울대 명예교수인 한영우 교수는 '세종평전'을 펴냈다. '세종평전'의 부제는 '대왕의 진실과 비밀'이다.

'세종평전'에 따르면 태종 때, 사헌부와 사간원에서 집현전을 창립하라는 상소를 올렸다. 요지는 '인재는 국가의 그릇이므로 미리 양성하지 않을 수 없는데, 지금 수문전, 집현전, 보문각은 이름만 있고 실상이 없으니 바라건대 집현전을 창립해 문풍을 진작 시키자'는 주장이었다. 이런 주장에도 태종은 집현전을 창립하지 못했다. 태종에 이어 왕위에 오른 세종대왕 때 좌의정 박은이 집현전 설치의 필요성을 강조하면서 결국 세종이 집현전을 부활시켰다.

세종대왕은 어떤 제도를 개혁하려 할 때, 항상 옛날의 제도를 참고했다. 그때 집현전의 학사들의 지식과 지혜를 빌렸다.

'세종평전'129페이지엔 세종대왕이 집현전에 대한 후대의 평가가 나와 있다.

세종의 사랑과 비호를 받으면서 성장한 학사들은 세종 말년에 이르면 세종과 자주 충돌을 일으켰다. 세종 25년에 세종이 '훈민정음'을 창제하자 최만리가 극력 반대한 상소를 올리고, 세종이 두 아들을 연이어 잃고 왕비마저 세상을 떠나자 실의에 빠져 불당을 짓는 등 승불에 기울자 집현전 학사들이 맹렬이 반대하고 나선 것이다.

이제 학사들은 정치세력으로 성장을 했을 뿐 아니라, 유교의 순혈주의에 빠지면서 이단에 대한 비판과 불의에 대한 저항정신이 더욱 커졌다. 세조의 정권 찬탈에 저항하다가 사육신으로 순절한 것도 하나의 예이다. 그리고 성종대에는 이들이 훈구대신으로 성장하여 새로운 신진세력인 사림의 비판을 받기도 했다.

세종의 집현전과 정조의 규장각은 여러모로 비슷하다. 인재를 양성하여 문화정치의 전성시대를 연 것이 그렇거니와, 정조가 말년에 정치세력으로 성장한 규장각 출신 관원들과 갈등을 일으키는 모습도 어쩌면 세종과 많이 닮았다.

28

공정한 법 제정 위해 찬반투표 실시

　조선 전기 토지에 대한 세금 제도를 일컬어 '공법(貢法)'이라 했다. 원래 이 제도는 고대 중국에서 시행했던 제도다. 국가가 백성에게 토지를 지급하고, 10분의 1에 해당되는 수확량을 세금으로 거두는 정액세제였다.

　이러한 세금 제도를 우리나에서 처음으로 도입한 임금은 세종대왕이었다. 세종대왕은 집권 초기부터 공법의 시행을 검토했다. 이 제도를 시행한 것은 세종 26년이다. 세종대왕 때 시행된 이 제도는 성종 때 전국적으로 시행됐다.

　세종대왕은 이 제도를 시행함에 앞서 해마다 일정한 액수를 거두는 정액세로 구상했다. 그 뒤 시행착오를 거치면서 해마다 농사형편을 감안해 세금을 차등 징수하도록 했다. 이로써 중국의 공법과는 그 성격이 달라지게 되었다.

고려 말부터 조선 초에 시행된 수세법 중엔 '손실답험법(損實踏驗法)'이 있다. 농사 작황의 현지조사에 의한 답험법(踏驗法)과 작황 등급에 의한 손실법(損失法)을 병용한 세금 제도다.

손실답험법에 따른 논밭에 대한 조세 제도가 관리들의 불공정한 심사 때문에 문제가 발생했다. 이 수세법은 흉작으로 인한 농민의 고충을 덜어줄 목적에서 시행되었다. 그러나 법 자체의 불합리성으로 실제로는 별다른 효과를 거두지 못하고 오히려 농민의 부담만 가중시켰다. 즉, 관내의 모든 농지를 수령이 1차 답험하게 했다. 그러나 이는 사실상 불가능한 것이었고, 대부분의 경우 토착향리에 의해 답험이 실시되었다. 그 과정에서 여러 가지 농간과 협잡이 자행 되었다.

그뿐 아니다. 수령들은 답험 실시에 필요한 경비를 농민에게 전가시켰다. 재심하는 위관과 중앙에서 파견되는 경차관들도 수령·향리들과 농간을 부려 사욕을 채우는 데 급급했다. 이 밖에도 여러 가지 문제가 발생했다.

이런 폐단을 바로잡기 위해 세종대왕은 공법을 구상했다. 세종대왕은 공법을 실시하기 위해 신하와 백성들의 의견을 수렴했다. 의견 수렴 대상은 고관대작은 물론이고 가난한 농민도 포함됐다.

세종대왕은 오늘날의 국민투표를 실시한 셈이다. 이 국민투표

『작자 미상 / 경직도(耕織圖)』

형식의 찬반투표에 참여한 신하와 백성의 수는 무려 17만 명이었다. 이런 찬반투표 과정을 거쳐 세종대왕은 공법을 실시했다. 관리의 불공정한 심사로 폐단이 많은 손실답험법을 폐지했다.

  세종대왕은 공법 시행을 앞두고 집현전의 학자들과 논쟁하기도 했다.

29

거리낌 없이 직언하라

　백성을 나라의 뿌리로 생각한 세종대왕은 즉위 초기부터 귀를 크게 열고 신하와 백성의 소리에 귀를 기울였다. 그러면서 거리낌 없는 직언을 요청했다.

　'경청(傾聽)'은 상대의 말을 듣기만 하는 것이 아니라 상대방이 전달하고자 하는 말의 내용은 물론이고 그 내면에 깔려 있는 동기나 정서에 귀를 기울여 듣고 이해된 바를 상대방에게 피드백해 주는 것을 말한다. 세종대왕은 다른 사람의 이야기를 잘 들어 주는 경청의 대가였다.

　최만리는 한글 창제에 반대 상소를 올린 집현전의 수장이었다. 최만리는 집현전에서 약 25년간 근무했다. 세종대왕은 집현전의 학자들에게 다른 데로 자리를 옮기지 말고 오랫동안 근무하며 학문을 닦으라고 권했다. 최만리는 세종대왕의 그런 지시를 충실히 이행했다.

청백리로 선정되기도 했던 최만리는 집현전 부제학으로 있으면서 14차례 상소를 올렸다. 그 가운데 하나가 한글창제를 반대하는 상소였다.

훈민정음 창제 당시 집현전의 최고 책임자는 최만리였다. 훈민정음 창제 뒤 언해사업이 시작되자 최만리는 상소를 올렸다. 그 핵심은 훈민정음 창제의 부당함이었다.

세종대왕은 말길을 열어놓고 최만리 등 집현전 학자들과 논쟁을 했다. 세종대왕과 집현전 학자들 사이에 오고 간 말투는 거칠고 험한 대목도 있었다.

세종실록엔 이런 기록도 있다.

"모든 관리들은 제각기 힘써 백성들에게 이롭고 병 되는 것을 거리낌 없이 직언(直言)하여, 짐이 하늘을 두려워하고 백성을 걱정하는 지극한 생각에 부응되게 하라."

세종대왕은 신하들의 쓴소리는 물론 지위가 낮은 백성들의 말도 귀담아 들었다. 비록 꼴 베는 사람의 말이라도 반드시 들어서 말한 바가 옳으면 채택하고 비록 맞지 않더라도 아래 사람의 사정을 알아서 자신의 총명을 넓히려고 노력했다. 진실된 애민사상을 가슴에 품고 온백성의 소리를 귀담아 들으려고 노력한 덕분에 세종대왕은 위대한 업적을 이룩했던 것이다.

30

훈민정음에 담긴 애민사상

세종대왕의 가장 위대한 업적은 뭐니뭐니해도 '훈민정음(訓民正音)' 창제다. '훈민정음'이란 단어의 뜻풀이는 '백성을 가르치는 바른 소리'다.

훈민정음은 두 차례 반포되었다. 첫 번째는 세종 25년인 1443년 12월 30일이고, 두 번째는 3년 뒤인 세종 28년, 즉 1446년 9월 29일이다. 두 번째 반포 때는 어제(御製)와 집현전 학자들의 서문을 실었다.

'이달에 임금이 친히 언문 28자를 만들었는데 그 글자는 옛날 전자를 모방했다. 이를 초성, 중성, 종성으로 나누고 이것을 합치면 글자가 된다. 무릇 문자에 관한 것과 우리나라의 이어에 관한 것을 모두 기록할 수 있다. 글자는 비록 간단하지만 전환은 무궁

하다. 이를 훈민정음이라고 했다.'

훈민정음을 처음으로 반포했다는 1443년 12월 30일의 '세종실록'의 기록이다.

오늘날 훈민정음은 세계 최고의 글자로 인정을 받고 있다. 그런데다 만든 목적이 분명하고 만든 사람과 만든 시기가 분명하다. 이런 글자는 한글이 세계적으로 유일하다.

'나랏말싸미 듕귁에 달아 문짜와로 서르 사맛디 아니할쌔 이런 전차로 어린 백성이 니르고져 할배 이셔도 마참내 제 뜨들 시러 펴디 몯할노미 하니라 내 이를 위하야 어엿비 녀겨 새로 스믈여듧 짜를 맹가노니 사람마다 해여 수비니겨 날로 쑤메 뼌한킈 하고져 할 따라미니라…'

우리가 알고 있는 훈민정음 서문의 내용이다. 이 서문엔 조선의 4대 임금 세종대왕이 왜 훈민정음을 만들었는지 창제 배경이 나온다.

'나랏말씀이 중국의 말과 달라 한자와 잘 통하지 아니하여 어리석은 백성이 자신의 뜻을 제대로 펴지 못하는 이가 많으니라. 내 이를 불쌍히 여겨 새로 스물여덟 자를 만드니 사람마다 쉽게

익혀 늘 씀에 편안하게 하고자 함이라.'

세종대왕이 훈민정음을 창제한 이유는 여럿이다. 그렇지만 서문에 나타난 첫 번째 이유는 '나랏말씀이 중국의 말과 달라 한자와 잘 통하지 아니하여 어리석은 백성이 자신의 뜻을 제대로 펴지 못하는 이가 많으니라…'이다.

실제로 훈민정음은 백성들에게 큰 도움을 주었다. 한글이 보급되면서 백성들은 자신의 생각과 뜻을 글로 적었다. 그렇게 해서 민원을 해소했다. 백성들은 또 한글로 편지를 써서 주고받고, 한글로 된 책을 보면서 직업의 기술과 정보, 몸과 마음을 닦는 방법, 종교의 교리 등을 익혔다. 이렇게 한글을 활용하면서 백성들의 삶의 질은 높아졌고, 의식은 성장했다.

한국인이 가장 존경하는 역사 인물 중 한 사람인 세종대왕. 한국인이 세종대왕을 존경하는 이유도 다양하겠지만 그 가운데 손꼽히는 이유가 세종대왕의 '애민정책(愛民政策)'이다.

'애민'이란 말 그대로 백성을 사랑한다는 뜻이다. 한민족의 역사상 나라를 통치한 임금은 무수히 많았다. 그 가운데 백성을 사랑하지 않은 임금이 어디 있겠는가만 백성을 자식처럼 사랑한 임금은 그리 많지 않다. 그리고 세종대왕처럼 존경할만한 애민정책을 펼친 임금은 드물다.

앞에서 살펴보았듯이 세종대왕이 훈민정음을 창제한 가장 큰 이유도 백성을 위함이었다. 궁중에서는 물론 지방관아에서도 우리말이 아닌 중국의 한자를 쓰니 한자를 모르는 백성은 수많은 불이익을 감당할 수밖에 없었다. 그래서 세종대왕은 쉽게 배워서 쓸 수 있고, 입에서 나오는 말을 그대로 옮기면 문장을 구성할 수 있는 우리의 글자를 만들었다.

훈민정음은 세종이 즉위한 지 28년이 되던 1446년 반포됐다. 당시 사대사상에 젖은 일부 관리들은 이를 극렬하게 반대했다. 특히 최만리는 "한자를 사용하지 않고 새 문자를 만드는 것은 오랑캐나 하는 짓"이라고 주장했다.

하지만 세종은 이러한 주장에 무릎을 꿇지 않았다. "쉬운 새 문자를 배워서 원하는 대로 살 수 있다면 누가 한자를 배우고 누가 유교 경전을 공부하겠는가"라고 응대하며 이러한 주장을 물리쳤다.

자기 나라의 글자가 없어 많은 불이익을 당하는 백성들을 가엾게 여긴 세종대왕은 수많은 역경을 이겨내며 우리말로 쓰는 우리글인 한글을 창제했다. 다른 의미로 정리하자면 제나라 말이 없어 불공정한 삶을 살아가는 힘없는 백성들을 위한 애민정책의 산물이 훈민정음이다. 바로 이 점이 훈민정음 창제 과정에서 살펴 볼 수 있는 세종대왕의 공정과 정의라 여겨진다.

31

훈민정음 창제의 조력자, 정의공주와 광평대군

서울대 명예교수인 한영우 교수는 저서 '세종평전'에서 세종대왕의 훈민정음 창제과정도 다루었다.

세종평전 제14장 '세종 24~25년'에서 한영우 교수는 훈민정음은 '언제, 누가, 무엇을 위해, 어떻게 만들었으며, 어떻게 사용했는지 더 풀어야 할 수수께끼 같은 문제들이 남아 있다. 이 사업이 극비리에 이루어졌기 때문에 의문점이 많다'고 언급했다.

세종평전 621페이지엔 이런 언급도 있다.

그러나, 훈민정음혜례의 설명은 역학의 원리와 발음기관의 구조를 바탕으로 하여 매우 과학적이고 치밀하게 보이지만, 납득하기 어려운 부분도 없지 않다. 또 역학의 원리가 중국의 고유한 학문인가, 아니면 우리나라의 전통적인 학문인가에 대한 의문도 제기되었다. 더욱 근본적인 의문점은 그 책이 과연 훈민정음 창제자의 의견을 정확하게 반영한 것인지, 아니면 편찬자의 주관적인 견해를 반영한 것인지도 확인하기 어렵다. 그래서 훈민정음 연구는 아직도 완결을 보지 못하고 있다.

훈민정음 연구의 문제점은 여기서 그치지 않는다. 우선, 세종이 훈민정음 창제의 주역임은 누구도 부인하지 않지만, 그 조력자가 누구인가를 세종이 밝히지 않아, 이를 두고 수많은 억측이 나돌고 있다. 그 조력자가 대군인가, 공주인가, 집현적 학자인가, 또는 요즘 논란이 되고 있는 승려 신미인가? 또 세종이 훈민정음 창제를 진행한 시기가 언제이며, 훈민정음을 창제한 목적이 무엇인지도 논쟁거리다. 그밖에 훈민정음을 창제한 뒤에 어떻게 사용되었는지도 더 연구가 필요하다.

한영우 교수의 '세종평전'에 나온 윗글에서 '그 책'이란 훈민정음 혜례본을 지칭한다.
한글의 창제 목적과 원리를 밝힌 훈민정음. 책으로서의 훈민정음은 정인지, 신숙주, 성삼문 등이 세종의 명으로 1446년에 간행한 주석서다. 한문으로 엮여 있다. 이 책에 보기를 들어서 풀이한 '해례(解例)'가 붙어 있어서 '훈민정음 해례본' 또는 '훈민정음 원본'이라고도 한다.

책으로 된 훈민정음은 '나라 말씀이 중국과 달라 한자와 서로 통하지 않으니…'라고 한 '훈민정음 예의본'과 글자를 지은 뜻과 사용법 등을 풀이한 '훈민정음 해례본'이 있다.

전권 33장 1책의 목판본으로 국보 제70호인 훈민정음 해례본은 현재 간송미술관에 소장돼 있다. 1446년 9월 상한, 즉 초하루에서 초열흘까지의 기간에 완성되었다.

간송미술관이 소장하고 있는 현존본은 1940년경 경상북도 안동 어느 고가에서 발견되었다.

이 책도 발견 당시 완전한 것은 아니었다. 처음 2장이 빠져 있던 것을 나중에 붓글씨로 적어 넣었다. 적을 때 실수해 세종어제 서문의 끝 자 '이(耳)'가 '의(矣)'로 되는 등 오자가 있다.

한영우 교수의 '세종평전' 623~624 페이지엔 이런 언급도 나온다.

그렇다면, 훈민정음은 그 발표대로 세종 25년 12월에 만들어졌을까? 그것은 그렇지 않았을 것이다. 그 전에 이미 만들어 놓고 그 발표시기를 연말에 맞춘 것으로 보인다. 바로 그 다음해에 시작할 언해사업을 염두에 두었기 때문일 것이다. 또 12월 한 달 안에 만들었다고 한 것도, 임금이 그동안 이 일 때문에 정사를 소홀히 했다는 인상을 신하들에게 주지 않기 위한 연막일 수도 있다. 이는 정교하게 계산된 세종의 연출로 보인다.

세종이 훈민정음 창제에 열성적으로 몰입했던 시기는 재위 23년 무렵으로 보인다. 또 그 사업은 철저하게 밀폐된 밀실에서 진행되었기 때문에 임금과 몇 사람의 조력자 외에는 아는 사람이 없었다.

훈민정음 창제 작업이 공개적으로 이루어진 것이 아니고 밀실에서 이루어졌다는 것은 훈민정음이 공표된 뒤에 집현전 학사 최만리 등이 "신하들과 의논도 하지 않았다."고 비판한 데서도 증명된다. 만약 집현전 관원들이 공개적으로 조력자로 일했다면, 최만리 등이 모르고 있을 리가 없을 것이고, 훈민정음이 창제되기도 전에 이미 반대운동이 거세게 일어났을 것이다. 그러니 집현전 학자들이나 조정의 벼슬아치들이 이 작업에 참여하지 않았던 것이 확실하다.

이런 추정을 내놓은 '세종평전'은 '세종은 훈민정음을 창제하면서 그 조력자를 어디서 구했을까? 비밀을 지킬 수 있는 조력자가 벼슬아치가 아니라면 가장 유력한 조력자는 대군과 공주

뿐이다. 이들과 비밀리에 만날 수 있고, 또 조력할만한 학식을 갖추고 있었기 때문이다.'라는 추정도 내놓았다.

'세종평전'에 따르면, 세종은 총 열 명의 대군과 공주를 두었다. 8남 2녀다. 그 가운데 나이, 처지 등을 고려해 조력자가 될 수 있는 사람은 모두 두 사람으로 정의공주와 광평대군이다.

당시 출가외인이었던 둘째 딸 정의공주는 문종의 동생이며 수양대군의 누님이다. 세종의 차녀 정의공주의 남편은 안맹담이다. 안맹담은 관찰사 안망지의 아들이다. 정의공주는 세종의 사랑을 많이 받았다. 세종이 중국에서 사온 안장을 손수 고치려고 칼로 깎다가 칼끝이 다리에 박히자 공주는 술을 만들고 난 지게미를 데워 상처에 붙여 부기가 빠져나가게 한 후 자석을 가지고 부러진 칼끝을 빼냈다는 일화가 전해진다.

정의공주는 총명하고 지혜로웠다. 역산(曆算)에 능했다. 역산이란 천문학에 속하는 학문이다. '죽산 안씨 대동보'에 따르면 세종이 훈민정음을 창제할 때에 변음(變音)과 토착(吐着)이 잘 풀리지 않아 여러 대군들과 공주에게 풀어보도록 하였다. 공주가 이를 풀어 세종의 칭찬을 듣고 노비를 상으로 받았다고 한다. 또한 세종이 창제된 훈민정음을 공주에게 주어 민간에서 시험해 보도록 하자, 공주는 그 결과를 세종께 바쳤다고 전해진다.

정의공주는 불교에 조예가 깊었다. 안맹담과 함께 세종 승하

후 소헌왕후와 세종의 명복을 기원하기 위해 문수사(文殊寺)를 중창했다.

무안대군 이방번은 태조 이성계의 아들로 제1차 왕자의 난 때 사망했다. 이방번은 세자 이방석의 형이라는 이유 때문에 아무 죄도 없이 이방원에게 죽임을 당한 것이다. 그런데 이방번은 후손이 없었다. 그래서 제사를 지내지 못했다. 이런 사정이 있어 세종은 다섯째 아들 광평대군을 이방번의 후사로 입양시켜 제사를 받들게 했다. 광평대군은 함경도 종성 경재소를 맡아 북변 국방강화와 풍속 교화에 힘썼다. 사서삼경에 능통했고, 국어·음률·산수에도 밝았다. 총명 효제하고, 서예, 격구에 능했다. 안타깝게도 광평대군은 20세에 세상을 떠났다.

세종평전에 따르면, 세종은 이상할 정도로 정의공주와 광평대군, 이 두 자녀의 집을 자주 찾았다. 당시 정의공주는 27세로 이미 출가외인이었고, 광평대군은 이미 결혼을 해서 궁밖에 집을 짓고 살고 있었다. 임금이 궁밖으로 나가 하루 안에 다녀오는 일은 '거둥'이라 하고, 며칠간 머무를 때에는 '이어(移御)'라고 하고, 아무런 이유도 없이 비밀리에 출타를 했다면 '밀행'이 된다고 한다. 그런데 세종실록에 따르면, 세종은 정의공주의 집에 며칠간 묵었다 돌아오기도 했다. 광평대군의 집도 수시로 방문했다.

'세종평전'은 훈민정음 창제의 조력자인 정의공주의 역할을 이렇게 적고 있다.

여기서 한 걸음 더 나아가 생각해보면, 수백 명의 노비를 준 것은 비단 변음토착을 풀어낸 이유만이 아닌 듯 하다. 세종이 훈민정음을 공주에게 주어 민간에서 시험해 보도록 하자 공주가 그 결과를 세종께 보고했다고도 한다. 충분히 있을 수 있는 일이다. 이른바 토속어인 이어를 잘 알아야 그에 맞는 글자를 만들 수 있다. 이어를 알려면 여항 사람들의 말이나 짐승들 소리, 그리고 온갖 의성어까지도 채취하여 그 높낮이와 강약, 청탁, 길고 짧음 등을 파악해야 한다. 여항 사람도 지방에 따라 방언이 다르니, 그 조사대상이 넓을 수 밖에 없다. 이러한 일을 하는데 여성인 공주는 매우 적합한 조력자가 될 수 있었을 것이다.

정의공주가 참여했다고 믿어지는 또 하나의 가능성은 '훈민정음'을 가장 환영하는 계층은 한문생활이 불편한 여성이라는 점이다. 그렇다면 그녀는 훈민정음 창제를 보조하는데 그치지 않고, 그 필요성을 임금에게 간절하게 호소했을 가능성도 있고, 그런 열성 때문에 더욱 적극적으로 참여했는지도 모른다.

한영우 교수의 '세종평전' 628~629페이지에 나오는 내용이다. 한영우 교수는 정의공주가 세종대왕의 훈민정음 창제를 어떻게 도왔을지를 이렇게 정리했다.

한편, 한영우 교수는 광평대군을 훈민정음 창제의 조력자로 추정하는 이유를 '세종평전' 629~630페이지에 정리했다.

그러면 광평대군은 어떤 인물인가?
'실록'의 줄기를 보면 사서삼경에 능통했을 뿐 아니라 음률(音律)과 산수(算數)에도 깊은 조예가 있었다고 한다. 그래서 간의대(簡儀臺)를 만드는 일도 총괄했다고 하므로 천문학과 역학에 대한 지식도 높았다고 볼 수 있다. 이러한 광평대군의 학문과 재능은 훈민정음 창제에 절대적으로 도움이 되는 능력이다.

그런데 광평대군은 훈민정음이 창제된 다음해인 세종 26년 12월 7일에 창진으로 아깝게도 20세의 생애를 마감했다. 병이 위독해지자 그를 궁으로 불러 치료했는데, 임금이 밤을 세웠으며, 그가 죽자 수라를 들지 않았다고 한다. 아마도 훈민정음 창제를 도우면서 건강을 해쳐서 요절한 것인지도 모른다. 만약 그것이 사실이라면 임금이 그토록 슬퍼하는 이유를 알 것 같다.

특히 조정 대신들의 반대 때문에 비밀리에 훈민정음 창제를 추진했던 세종대왕. 훈민정음을 창제하는데 숨어서 뒤를 도운 조력자로 추정되는 인물 중엔 이렇게 슬하의 두 남매가 있을 것이라는 주장이 일반론이다. 두 남매는 둘째 딸인 정의공주와 다섯째 아들인 광평대군이다.

광평대군은 수많은 후손을 두고 있다. 그 후손들의 모인 종친회 이름은 '광평대군파종회'다.

지난 2018년 가을, 광평대군파종회는 광평대군의 흔적을 찾아 프랑스 국립기메박물관을 찾았다. 광평대군이 남긴 유품을 살펴보기 위해서다.

이때 광평대군파종회 프랑스 국립기메박물관에 이런 말을 전했다.

"2025년이 광평대군 탄신 600주년입니다. 일찍 세상을 뜬 광평의 유품이 거의 남아 있지 않습니다. 대군의 부인 신씨가 대군과 사별한 이후 불교에 귀의하고 조성한 묘법연화경 목판본도 일본 미에현 쓰시의 세이라이지에 보관되어 있습니다. 600주년을 맞이하여 유품 특별전을 할 수 있게 한국 내 전시, 가능할까요?"

광평대군파종회는 2025년이 광평대군의 탄신 600주년이라고 말한다. 20세에 요절한 광평대군 사후, 그에 대한 수많은 스토리가 전해 온다. 현대 들어서 광평대군은 드라마 등에도 등장하곤 한다. 짧은 인생을 살다 갔지만 그만큼 많은 스토리를 지닌 인물이라는 얘기다.

SBS 드라마 중엔 '뿌리 깊은 나무'가 있다. 이 드라마에 광평대군이 등장한다. 광평대군은 꽃미남으로 그려졌다. 공부도 잘하고 운동 신경도 좋고, 예의도 바른 왕실의 엄친아로 묘사되었다.

후대인들은 광평대군을 성품이 너그럽고, 도량이 넓으며, 용모와 자태가 탐스럽고 아름다웠다고 기억한다. 능력도 빼어났다고 기억한다. 그럼에도 불구하고 20세에 요절했다. 이 때문에 광평대군은 조선시대 등 과거에도 그랬지만 오늘날에도 여러 가지 스토리로 그려지거나 묘사되는 것이다.

32

영화 '나랏말싸미'의 훈민정음

  2019년 7월 24일, 영화 '나랏말싸미'가 개봉됐다. 한글을 만든 세종대왕과 불굴의 신념으로 함께한 사람들, 그리고 역사가 담지 못한 한글 창제의 숨겨진 이야기를 그린 영화다. 배우 송강호가 세종대왕 역을, 박해일이 신미대사 역을, 전미선이 소헌왕후역을 맡았다.

  세종대왕 역을 맡은 송강호는 제작발표회에서 "역사상 가장 위대한 성군으로 알려진 세종대왕이지만, 그 이면의 고뇌와 불굴의 신념, 강한 나라를 만들고 싶었던 군주의 마음이 스크린 곳곳에 배었으면 한다"라고 전했다.

  세종대왕과 뜻을 합쳐 한글을 만드는 '신미스님'을 연기한 박해일은 "한글 창제의 과정 안에 조력자가 '신미스님'이라는 것에 호기심이 생겼다"며 "신미스님 역할이 관객들에게 어색하게 보이지 않게 삭발도 했고, 절에서 스님들과 함께 생활하기도 했다"라고 밝혔다.

이 영화의 제작을 총지휘한 조철현 감독은 "한글이 위대한 것은 모두 다 알고 있지만, 이 영화를 통해 결과로서의 평가에 그치지 않고 한글을 만드는 과정을 직접 느껴보면 좋겠다"는 바람을 전했다.

한글 창제 이야기를 다룬 영화 '나랏말싸미'는 개봉과 함께 논란에 휩싸였다. "역사를 왜곡했다"는 비판과 "영화는 영화일 뿐"이라는 반응으로 온라인상에서 주장이 엇갈렸다.

분명 영화 '나랏말싸미'는 훈민정음 창제과정의 정사를 다룬 것이 아니다. 한국인이 알고 있는 훈민정음 창제의 정사는 세종대왕이 집현전 학자들과 직접 만들었다.

그런데 야사는 훈민정음 창제 과정에서 세종대왕을 남몰래 숨어서 도운 조력자도 있다는 것이다. 영화 '나랏말싸미'는 그런 야사를 기본으로 삼고 있다. 물론 영화 '나랏말싸미'는 영화 자막을 통해 '다양한 훈민정음 창제설 중 하나일 뿐이며, 영화적으로 재구성했다'고 전제했다. 그렇지만 영화를 본 일부 관객과 누리꾼들은 '역사 왜곡', '사실 왜곡'등을 주장했다. 심지어 영화를 보지 말자는 보이콧 운동도 벌어졌다.

그런 논란의 중심엔 주요 등장인물인 신미스님이 훈민정음 창제 과정에 얼마나 참여했는지에 대한 문제가 놓여 있었다. 세종대왕이 훈민정음을 혼자서 만들 수는 없었을 것이라는 점엔 다들 동의하면서도 일반인에겐 낯선 인물인 신미스님이 훈민정음 창제에 그토록 깊이 관여했을까 하는 점은 동의하지 않았다.

검색 사이트에서는 영화 '나랏말싸미'를 이렇게 소개하고 있다.

문자와 지식을 권력으로 독점했던 시대, 모든 신하들의 반대에 무릅쓰고, 훈민정음을 창제했던 세종의 마지막 8년.
나라의 가장 고귀한 임금 '세종'과 가장 천한 신분 스님 '신미'가 만나 백성을 위해 뜻을 모아 나라의 글자를 만들기 시작한다.

모두가 알고 있지만 아무도 모르는 한글 창제의 숨겨진 이야기!
1443, 불굴의 신념으로 한글을 만들었으나 역사에 기록되지 못한 그들의 이야기가 시작된다.

'역사가 담지 못한 한글의 시작'을 다룬 영화 '나랏말싸미'의 관객 동원수는 아주 저조했다. 958,775명이었다.

33

소설 '우국이세'의 훈민정음

  필자는 2019년 10월 4일, 월명 역사소설 '우국이세'를 펴냈다. '우국이세'는 장편소설로 1·2권으로 출간되었다. 부제는 '세종대왕과 신미대사'다.
  필자는 월명 역사소설 '우국이세'의 표지 뒷면에 이렇게 적었다.

  세종대왕과 신미대사는 한글창제의 과정에서도 긴밀하게 협조하고 서로 격려함으로써 힘든 시대를 이겨냈습니다. 한편 신미대사는 성실하고 부지런한 삶을 통하여, 조선왕조 초기 불교 발전에 큰 족적을 남겼습니다. 세종대왕의 왕사(王師)에 준하는 스승의 위치를 인정 받았으며, 억불숭유의 척박한 환경 속에서 그가 이룬 반전의 역사는 그대로 한편의 드라마입니다.

월명 역사소설 '우국이세'는 세종대왕과 신미대사 이야기를 다루고 있다. 역사소설 형식을 빌려 따라가 본 신미대사는 과연 누구일까. 신미대사가 누구인지를 살펴보기 전 그의 동생을 소개한다.

전해오는 바에 따르면, 신미대사의 동생은 김수온(金守溫)이다. 조선 태종 10년인 1410년에 태어나 성종 12년인 1481년 이승을 떠났다. 본관이 영동인 그는 병조정랑, 지영천군사, 판중추부사, 호조판서 등을 지낸 문신이다.

세종 23년인 1441년, 식년 문과에 병과로 급제해 정자(正字)가 되었으나 곧 세종의 특명으로 집현전 학사가 되었다. 그 뒤 여러 관직을 역임했다.

김수온은 불경에 통달하고 제자백가(諸子百家)·육경(六經)에 해박해 세조의 총애를 받았다. 특히, 시문에 뛰어나 명나라 사신으로 왔던 한림 진감과 '희정부(喜晴賦)'로써 화답한 내용은 명나라에까지 알려졌다. 그리고 성삼문, 신숙주, 이석형 등 당대의 석학들과 교유하며 문명을 다투었다.

이런 동생을 둔 김수성(金守省), 즉 신미대사는 근래 들어서 훈민정음 창제의 숨은 조력자로 화제의 인물로 등장했다. 호사가들이 뮤지컬, 드라마, 영화, 소설, 평전 등 다양한 형태로 그의 진면목을 추적해왔다. 그렇지만 사실상 훈민정음 창제에 기여한

결정적인 부분과 흥미로운 대목은 아직도 밝혀지지 않고 있다.

그러나 훈민정음이 반포된 이후 수많은 불경언해본 발간을 통해 훈민정음이 실용화되게 함으로써 역사 속에 한글의 우수성을 우뚝 솟아나게 한 공로는 어느 누구도 부인 할 수 없는 확고부동한 성과로 기록되어 있다.

신미대사를 이야기할 때 빼놓을 수 없는 세계사의 위인이 또 한 분 있다. 그분은 세종대왕이다. 세종대왕이 가슴 터 놓고 진정한 대화를 나눴던 인물이 신미대사라고 한다. 세종대왕과 신미대사는 한글창제의 과정에서도 긴밀하게 협조하고 격려했다. 그러면서 힘든 시대를 이겨냈다.

신미대사는 성실하고 부지런한 삶을 통하여 조선왕조 초기 불교 발전에도 큰 족적을 남겼다.

돌이켜보건대 한 시대를 펼치고 디자인하고 실천했다는 점에서 세종대왕의 시대는 창조와 협동을 이룬 용광로의 시대였다. 이런 시대를 이끈 세종대왕의 성공 비결은 무엇일까.

개인적으로 타고난 천재성과 방대한 독서량, 그리고 진취적인 사색과 휴머니즘의 기초 위에서 행동과 결단력이 돋보이는 탁월한 리더십에서 나왔다고 여겨진다.

그뿐 아니다. 세종대왕의 주변엔 각 분야의 걸출한 인재들이 포진돼 있었다. 전문가인 그들은 참모로서 세종대왕을 도왔다.

각계각층의 인물들이 세종대왕의 성공을 도왔는데, 그 가운데 한 명이 신미대사라고 거론된다.

　세종대왕은 수많은 업적을 후세에 남겼다. 수많은 업적 중에 첫 손에 꼽을 수 있는 분야는 무엇일까.

　세종대왕의 뛰어난 업적은 정치, 국방, 농업, 과학기술, 인권, 복지, 의학, 종교, 출판, 인쇄, 학문 등등의 분야에 산재해 있다. 어느 분야든 그 업적이 탁월해서 우열을 가리기 힘들다. 그렇지만 그 가운데에서도 딱 한가지만 꼽으라 한다면 뭐니뭐니해도 우리의 문자인 한글창제일 것이다.

　한글의 독창성은 세계가 인정한다. 세종대왕이 창제한 이 한글로 한국인은 찬란한 문화민족의 우수성을 세상에 널리 알렸고, 다가오는 인류의 새로운 미래를 열고 있다.

　AI를 축으로 한 4차 산업혁명시대를 열며 한글은 더욱 주목받았다. 한글은 컴퓨터 자판에 가장 적합한 문자다. 아프리카 신생국의 국어 자모를 만드는데도 크게 기여하고 있다. 언제부턴가 인류는 한국의 눈부신 경제 발전과 민주화의 기적 못지않게 한글에 큰 관심을 가졌다. 물론 한글이 이렇게 세계적인 언어로 부상하게 된 것은 한글의 우수성에 있을 것이다. 다른 나라의 그 어떤 문자도 따라올 수 없는 한글의 우수성은 배우기 쉽고 쓰기가 간편하다는 점이다.

그렇다면 이렇게 훌륭한 한글을 세종대왕은 어떻게 만들었을까.

  필자 역시 한글 창제자는 세종대왕이라고 믿는다. 한국인의 영원한 스승이고, 세계 각국의 문자와 음운에 정통한 최고 수준의 언어학자인 세종대왕이 한글 창제를 기획하고, 훈민정음을 반포했다고 확신한다.

  그런데 그 거대한 민족적 과업을 세종대왕이 혼자서 해낼 수는 없었을 것이라고 추정한다. 꼭 집어서 세종대왕이 누구와 함께 한글을 만들었다고 말할 수도 없는 일이기에 필자는 세종대왕의 한글 창제는 당시의 다양한 지혜가 결집된 집단지성의 성과물이라 주장하고 싶다.

  세종대왕의 한글 창제 과정은 결코 순탄하지 않았다. 세종대왕이 한글 창제의 필수과정의 하나로 제시한 것은 인도와 티베트 언어인 범어(梵語) 연구였다. 범어 연구는 불경을 해독할 수 있는 실력이 없으면 무의미한 분야였다. 당대에 이 문제를 해결할 수 있는 거의 유일한 인물이 신미대사였다. 신미대사는 유교와 불교의 경전 등에 정통한 실력가였다.

  충청북도 보은군은 속리산국립공원에 '훈민정음 마당'을 조성했다. 2018년 11월 준공된 훈민정음 마당은 3만1,740㎡ 규모다. 보은군 2016년 10월부터 이 마당 조성 사업을 추진했다. 보은군이 이런 사업을 추진하게 된 배경은 신미대사가 속리산 복천암에서 출가하고 입적한 데 있다. 이 마당엔 신미대사 좌상을 비롯해 신미대사와 관련 있는 인물들의 동상을 세웠다. 신미대사와 관련이 있는 인물은 외조부 이행, 아버지 김훈, 동생 김수온, 스승 함허당, 제자 선사 학열 등이다.

복천암(福泉庵)은 법주사의 암자다. 통일신라시대에 창건되었다고 알려져 있다. 누가 창건을 했는지는 모르지만 현재 암자의 본당인 극락전의 현판 '무량수(無量壽)'는 고려 공민왕의 어필이다.

복천암이 세상에 널리 알려진 것은 조선 7대 왕인 세조가 이곳에서 난치병을 치료하면서부터다. 세조는 이 암자에서 두 명의 고승인 신미대사, 그리고 학조와 함께 3일 동안 기도를 드린 뒤, 암자에 이르는 길목의 목욕소(沐浴沼)에서 목욕을 하고 피부병을 치료했다. 그 뒤 절을 중수했고, '만년보력(萬年寶曆)'이라고 쓴 사각옥판을 하사했다. 이 절의 유적 가운데는 신미대사의 부도, 학조화상탑 등이 있다.

신미대사의 정확한 생몰연도는 알 수 없다. 신미대사의 발자취엔 베일이 가려져 있기 때문이다. 한편에서는 그의 생몰연도를 1405년~1480년으로 추정한다.

세종은 승하 직전에 유언으로 신미대사에게 '선교도총섭

밀전정법 비지쌍운 우국이세 원융무애 혜각존자(禪敎都摠攝 密傳正法 悲智雙運 祐國利世 圓融無碍 慧覺尊者)'라는 법호를 남겼다. '존자'는 큰 공헌이나 덕이 있는 스님에게 내리는 칭호다. 세종이 신미대사에게 내린 호칭은 '우국이세(祐國利世)'다. '나라를 위하고 백성을 이롭게 했다'는 뜻이다.

세종대왕이 신미대사에게 이런 칭호를 남긴 걸 보면 세종대왕이 신미대사를 어떤 인물로 평가했는지, 세종대왕과 신미대사가 어떤 관계인지 등을 짐작할 수 있다. 그럼에도 불구하고 신미대사에 대한 역사적 기록은 거의 없다. 파편처럼 남아 있는 몇몇 기록은 세종대왕이 신미대사에게 내린 칭호가 부당하다는 상소문이다.

신미대사는 충북 영동지방의 양반 집안의 맏아들로 태어났다. 아버지도 높은 벼슬을 지냈다. 어릴 때 할아버지로부터 한학을 배웠다. 학문을 통한 입신출세의 길을 걷던 중인데 아버지가 죄인으로 몰려 관직을 박탈당한다. 집안의 재산도 몰수당했다. 이 때문에 신미대사의 인생은 하루아침에 나락으로 떨어진다.

진퇴양난의 인생길에서 신미대사는 출가한다. 그때 나이가 20대 초반이었다.

세월이 흘러 신미대사는 드높은 학문의 경지에 도달했고, 훈민정음을 창제하려는 세종대왕과 인연이 닿아 한글 창제

작업에 참여하게 된다.

2019년 7월 31일자 법보신문 1499호엔 '복천암과 신미 스님'이라는 제목의 기사가 실려 있다. 임은호 기자의 기사다. 그 기사의 일부를 소개해 본다.

불교 신자였던 세종은 산중에 머무르는 신미 스님을 궁궐로 불러 담소를 나눴다. 그리고 스님에게 크게 감동했다. 스님의 말은 이치에서 조금도 벗어나지 않았고 백성에 대한 애틋함은 어느 충신 못지않았다. 백성들이 누구나 글을 읽고 쓰기를 바랐던 세종은 "백성에게 널리 퍼진 불경을 우리글로 옮겨 배포하는 것이 가장 효과적일 것"이라며 신미 스님에게 한글 창제에 힘을 보태달라고 청한다.

신미 스님으로서도 반가운 청이었다. 불교가 전래된 지 1000년이 넘었지만 백성들은 미신과 기복에 머무르고 있었다. 한문을 익히지 못하면 부처님 가르침을 직접 읽는 일이 불가능했던 탓이다. 때문에 불경 언해는 불교를 신앙적인 측면뿐 아니라 사상적으로 민간에 깊이 뿌리내리는 일이었다. 신미 스님에게 번역은 백성들의 눈을 뜨게 하는 일이자 강력한 불교 대중화 운동이었다.

신미 스님은 속리산 복천암 등에 머무르며 4년에 걸쳐 모음·자음 소리글을 범어에서 참고해 28자를 기본으로 한글을 편찬하는 주도적 역할을 하게 된다. 당시 세종은 신하들과 자주 부딪혔다. 신하들은 세종의 숭불을 두고 끊임없이 간(諫)하고 상소를 올렸다. 그럴 때면 세종은 "승려들도 나의 백성이다", "한·당 이래 역대 임금들이 부처를 섬기지 않은 이가 없었으니 나도 섬긴다"고 맞섰다.

사대부들의 견제 속에서 비밀리에 창제된 한글이 반포되자, 신미 스님은 본격적인 경전 한글화를 시작한다. 부처님 일대기를 다룬 우리나라 최초 한글 불서인 '석보상절' 24권이 한글 반포 1년이 채 되지 않아 한문본과 언해본까지 완성됐다.

세종실록 127권에 따르면, 1450년(세종 32년) 1월 26일, 깊은 병세에서 기운을 회복한 세종은 내관을 시켜 복천암에 머무르는 신미 스님을 조용히 궁에 들게 했다. 삶의 마지막 회향을 앞두고 자신의 최대 과업이었던 한글창제에 헌신해 준 것에 대한 감사의 뜻을 전하기 위해서였다. 신미 스님이 침전에 들자 세종은 큰 스승을 대하듯 스님을 극진히 모셨다. 감로수 같은 스님의 법문을 청해 들은 세종은 스님이 주석하던 속리산 복천암을 중창할 수 있도록 불사를 돕고 싶다고 했다. 그리고 승하 직전 유언으로 신미 스님에게 친히 법호를 남겼다.

　세종이 승하한 뒤 신미 스님은 오랫동안 복천암을 떠나지 않고 그곳에서 후학 지도에 전념했다. 신미 스님에게 복천암은 각별했다. 복천암이 비단 자신이 출가한 속리산 내 사찰이라는 점 때문만은 아니었다. 복천암은 한글이 시작된 곳, 세종과의 추억이 있는 곳이었다.

　법보신문 1499호 '복천암과 신미 스님'이라는 제목의 기사에서 임은호 기자는 이런 언급도 했다.

　세종이 내린 법호는 대신들의 거센 반발에 부딪혔다. 결국 문종은 대신들의 상소에 굴복해 법호에서 '존자'와 '우국이세'를 빼버렸다. 사실 신미 스님 본인에게 법호는 별다른 의미를 지니지 못했다. 존자든, 종사든 자신은 그저 신미일 따름이었다. 오히려 스님을 안타깝게 한 것은 선왕이 떠난 지 오래지 않았음에도 왕의 권위가 급격히 실추되고 있는 현실이었다. 스님은 옛 왕을 되새기며 복천암에서 세종을 위한 축원을 매일 올린 것으로 알려진다.

　세종 승하 후 세간은 긴박하게 돌아갔다. 문종이 왕위에 오른 지

2년이 되지 않아 승하하고 단종이 왕위를 이었다. 얼마 뒤 수양대군이 계유정난(1453년)을 일으켜 조카 단종을 밀어내고 왕위에 올랐다. 한양에는 피바람이 그치지 않았다.

세조는 수양대군 시절부터 신미 스님과 깊은 인연이 있었다. 자존심이 셌지만 신미 스님에게 깍듯했다. 왕위에 오른 뒤에도 신미 스님을 스승으로 모시며 의지했다. 1457년(세조 3년), 해인사 대장경 인출(印出) 책임을 맡아달라는 세조의 부탁을 받고 복천암에서 해인사에 내려간 스님은 대장경 50부를 성공적으로 인출한 뒤 불경 조성과 국역에도 적극 뛰어들었다. 스님은 세조 곁에서 경전과 선어록을 언해하며 틈틈이 왕을 위해 법문을 설했고 2,300여 쪽에 이르는 방대한 양의 '선종영가집', '수심결', '몽산' 등 고승법어집을 번역하기도 했다.

스님이 복천암으로 돌아온 것은 '선종영가집' 작업을 마친 1463년(세조 9년) 11월이 다 되어서였다. 다음 해 세조는 피부병을 고친다는 이유로 복천암에 행차했다. 말은 피부병 때문이라지만, 사실 신미 스님을 만나기 위해서였다. 신미 스님과 오랜 시간 이야기를 나눈 세조는 이후 원각사를 중건하고 오대산 상원사 중창불사에도 힘을 쏟았다. 신미 스님은 세조가 승하하자 마지막

까지 불사를 멈추지 않았던 세조를 위해 빈전에서 조용히 마지막 법회를 열었다고 전한다. 예종과 성종 대의 억불정책 속에서도 꾸준히 불사를 진행한 신미 스님은 1480년 무렵 복천암에서 적멸에 들었다.

한글 창제 후 15세기 말까지 간행된 현존 언해문헌은 모두 30여 종으로, 이 가운데 불교 관련 언해서가 20여 종에 이른다. 신미 스님이 없었다면 오늘날까지 전해지는 상당수 한글 문헌은 없었을 것이 분명하다. 신미 스님은 쉬운 한글 경전 간행과 사찰 불사 등으로 억불의 시대에도 불교가 민중 깊숙이 스며들 수 있도록 하고 이를 통해 백성들에게 희망을 전하려 애썼다.

2019년 7월 31일자 법보신문 1499호의 '복천암과 신미스님'이라는 제목의 기사에서 임은호 기자가 정리한 복천암과 신미대사 이야기의 상당 부분은 필자의 견해와 일치한다.

필자의 탐구에 따르면, 세종대왕은 새 글자 창제를 위해 고민하며 백방으로 노력하던 중 신미대사를 만났다. 세종대왕은 신미대사와 논의하면서 새 글자 창제의 방향 등을 찾았고, 신미대사는 세종대왕의 요청을 받아서 지속적인 연구에 몰입했다.

신미대사는 불가의 경전해석을 통해 중생을 구제할 방도를 찾던 중 세종대왕을 만났다. 중생에 대한 연민과 애정이 마음에 가득하던 신미대사는 세종대왕의 백성을 위한 문자의 창제라는 큰 동기와 극적으로 만나 빛을 발하게 되었다. 세종대왕은 신미대사라는 훌륭한 조력자의 힘을 빌려서 한글 창제라는 위대한 업적을 이룩한 것이다.

한국민족문화대백과에 따르면, 신미대사의 법호는 '혜각존자(慧覺尊者)'다. 본명은 김수성(金守省). 본관은 영동(永同). 아버지는 옥구진(沃溝鎭) 병사였던 김훈(金訓)이다. 동생은 유생이면서도 숭불을 주장했던 김수온이다.

신미대사는 세조 때의 선승(禪僧)인데, 행장은 전하지 않으나 왕실과의 관계 속에서 행해진 불교 중흥의 기록들을 통하여 그 행적을 살필 수 있다.

그는 법주사(法住寺)에 출가해 사미(沙彌) 시절에 수미(守眉)와 함께 대장경을 읽고 율을 익혔다. 그 뒤 세종대왕 말년에 왕을 도와 불사를 중흥시켰다. 세종대왕은 말년에 두 명의 왕자와 왕후를 3년 사이에 잃게 되자 심경의 변화를 일으켜 신불(信佛)하였다.

이때 신미대사와 김수온은 세종대왕을 도와 내원당(內願堂)을 궁 안에 짓고 법요(法要)를 주관하는 등 불교를 일으키려고 노력했다. 또한, 세종대왕을 도와 복천사(福泉寺)를 중수하고 그곳에 아미타삼존불을 봉안했다.

문종은 선왕의 뜻을 이어 신미대사를 선교도총섭(禪敎都摠攝)에 임명했다. 세조 때는 왕사와 같은 역할을 하였다. 세조는 왕위에 오르기 전부터 그를 경애했고, 왕위에 오르자 불교의 중흥을 주관하게 했다.

1458년(세조 4년)에 나라에서 해인사에 있던 대장경 50부를 간행하고자 했을 때 신미대사는 이를 감독했다. 1461년 6월에 왕명으로 간경도감을 설치해 훈민정음을 널리 유통시키기 위해 불전(佛典)을 번역, 간행했을 때도 이를 주관했다.

신미대사의 주관 아래 '법화경', '바야심경', '영가집(永嘉集)' 등이 언해 되었다. 신미대사는 스승인 함허(涵虛)의 '금강경오가해설의(金剛經五家解說誼)'도 교정해 간행했다. 이렇게 신미대사는 불전의 국역과 유통을 위한 막중한 역할을 했다.

1464년 2월 세조가 속리산 복천암으로 행차했을 때 신미대사는 그곳에서 사지(斯智), 학열(學悅), 학조(學祖) 등과 함께 대설법회를 열었다.

'훈민정음'보다 앞선 1438년에 간행한 '원각선종석보(圓覺禪宗釋譜)'를 발견했다고 발표했다. 이를 바탕으로 2014년 소설가 정찬주는 훈민정음 자체를 신미대사가 만들었다는 내용의 소설 '천강에 비친 달'을 발표했다. 2019년에는 비슷한 내용의 영화 '나랏말싸미'가 개봉했다. 하지만 '원각선종석보'는 당시 한국어나 그 표기와 들어맞지 않아 후대에 만든 위작으로 추정된다는 주장도 있다.

이렇게 문학, 영화, 논문 등 다양한 형태로 재조명된 신미대사를 등장인물로 삼은 역사소설을, 필자는 몇년전 펴냈다. 월명 역사소설 '우국이세'는 신미대사의 어린 시절부터 시작한다.

필자는 생몰연도가 불분명하다고 전해 오는 신미대사의 출생연도를 조선왕조 3대 임금 태종 5년인 1403년으로 잡았다. 그는 영의정을 배출한 사대부 가문에서 태어났다. 아버지 김훈은 '불효불충죄'로 큰 벌을 받는다. 불충죄란 임금에게 고개를 돌려 벌을 받는 죄목이다. 김훈이 이런 죄를 저질러 벌을 받게 되면서 집안이 몰락했다. 이 때문에 신미대사는 장래가 단절된 절망적 상황으로 내몰린다. 그러나 허무함 뒤에 찾아온 깊은 사색 끝에 불가에 입문한다. 출가 후 얻은 법명은 '신미(信眉)'다.

신미대사의 할아버지는 김종경 대감이다. 김종경 대감은 관직에서 물러나 고향인 충청도 영동으로 낙향해서 유유자적한 생활을 하던 중 아들 김훈, 즉 신미대사의 아버지가 정쟁에 휘말려 관직을 박탈 당했다는 소식을 듣게 된다.

그런 사건이 터지기 전까지 김종경 대감은 손주 신미대사의 교육을 책임졌다. 손주를 큰 인물로 키우기 위해 열정을 쏟았다.

그러던 중 아들 김훈의 불효불충죄 사건이 벌어졌다. 김종경 대감은 백방으로 뛰어 다니며 로비를 했지만 김훈은 사면을 받지 못했다. 집안이 몰락하면서 김종경 대감은 물론 손주 신미대사도 목숨을 부지하기 위해서는 몸을 숨겨야 되는 처지가 되었다. 죄인의 자손으로서 입신양명의 길이 막혀 갈등하는 신미대사를 잡아 들이기 위해 관원들의 추격이 시작됐다. 이 때문에 신미대사는 경상도 상주고을의 도둑촌 등지에 은신한다.

신미대사는 밥을 얻어먹고, 자신의 몸을 숨기기 위해 법주사로 향했다. 출가를 한 것이다.

법주사에서 불법을 닦던 중 신미대사는 함허 스님을 만나다. 함허 스님은 무학대사의 제자로 스물한 살 때 관악산 의상암에서 출가했다. 이듬해 양주 회암사로 들어가 무학대사에게 가르침을 받고 명산을 두루 편력했다. 어린 나이에 큰 인물이 된 함허 스님은 상주 사불산에 머물 때 내용이 다른 두 권의 '금강경설의'를 지었다.

법주사의 주요 암자인 복천암에서 신미대사는 함허 스님과 인연을 맺었다. 신미대사는 함허 스님을 스승으로 모셨다. 신미대사는 함허 스님의 제자가 됨으로써 조선 불교의 적통을 이어가는 계보 안으로 들어가게 된다.

함허 스님은 고려 말에서 조선 초기로 이어지는 불교사에서

법주사

법주사(法住寺)는 충청북도 보은군 속리산면에 위치한 사찰이며 대한불교 조계종 제5교구 본사이다.
2018년 6월 30일, '산사, 한국의 산지승원'이라는 명칭으로 유네스코 세계문화유산에 등재되었다.

뛰어난 학승이자 선승이었다. 함허 스님의 제자 반열에 오름으로써 신미대사는 한글 창제에 꼭 필요한 기본 지식들을 두루 섭렵할 수 있는 기회도 얻게 되었다.

소헌왕후(昭憲王后)는 세종의 비다. 아버지는 청천부원군(靑川府院君) 심온(沈溫)이다. 태종 8년인 1408년, 대군인 충녕과 가례를 올렸다.

인자하고 어질어 만인의 표상이었던 소헌왕후가 세종대왕과 함허 스님의 인연을 맺게 했다. 임금의 아내인 중전이어서 친정집의 참화를 온몸으로 삭여야 했던 소헌왕후는 함허 스님을 만나 가슴의 응어리와 한을 풀었다. 본인의 슬픈 처지를 불교 설법으로 달래던 소헌왕후는 함허 스님을 세종에게 소개했고, 함허 스님은 자신의 제자인 신미대사를 세종대왕에게 소개하게 된다.

우연한 기회에 신미대사의 설법은 자식과 왕후를 잃은 세종대왕의 슬픔을 달래 준다. 이 때문에 세종대왕과 신미대사의 인간적인 유대는 더욱 끈끈해진다.

숭유억불 정책을 폈던 선대 임금들과 달리 세종대왕은 독실한 불교 신자로 궁궐 안에 불당을 만들었다. 그러자 신하들의 거센 항의가 이어졌다. 그러나 세종대왕은 이에 굴하지 않고 궁궐 안에 조성한 내불당에서 수천 명의 승려들이 참가하는 법회도

법주사 대웅보전

법주사 팔상전

열었다.

 세종대왕은 왕실 행사는 물론이고 왕실 가족의 경조사도 불교식으로 치를 때가 많았다. 당연히 신하들의 반대가 극심했다. 그렇지만 세종대왕은 자신의 뜻을 굽히지 않았다. 역풍을 맞으면서도 자신이 옳다고 생각하면 소신껏 처리하는 실천력이 강한 임금이었다.

 이렇게 아버지 세종대왕의 불심이 강하자 아들인 여러 대군들도 고승들과 친하게 되었다. 궁궐을 출입하는 여러 고승들 가운데 세종대왕과 대군들의 총애를 가장 많이 받은 고승은 당연히 신미대사였다.

 세종대왕과 함께 비밀리에 한글창제 작업을 진행하던 신미대사는 테러 위협도 당한다. 그런 상황에 처한 신미대사를 도운 이들은 법주사로 출가하기 전 상주고을 도둑촌 등지에서 사귀었던 사람들이다.

 신미대사는 한양 도성을 자주 찾았지만 한양에 있는 생가에 갈 수 없었다. 할아버지 김종경 대감이 발이 닳도록 뛰어다니며 로비를 했지만 김훈은 끝내 사면되지 않았다. 몸은 자유롭게 되었지만 정치적 입지는 제한 되었고, 신미대사와 김수온 등 김훈의 자식들은 그저 조용하게 납작 엎드려 숨을 죽이고 지내는 것이 상책이었다.

신미대사의 곁에는 외국의 언어를 연구하는 사람도 있었고, 활자의 주조를 담당하던 관청인 주자소에서 일을 하는 사람도 있었다.

신미대사는 법주사로 출가하기 직전 글씨 서체와 활자 등에 관한 얘기를 들은 바 있고, 스승인 함허 스님의 심부름 차 해인사에 가서 대장경판을 살펴보기도 했다.

신미대사는 정의공주의 집에서 세종대왕을 만나 한글 창제 작업도 진행했다. 세종대왕이 정의공주 등 대군과 공주들의 집을 방문하는 일정은 대부분 비밀리에 이루어졌다.

세종대왕은 신미대사와 함께 하는 시간을 늘 고대했다. 세종대왕은 신미대사와 교류하는 것을 행복하게 여겼다. 그 첫 번째 배경은 세종대왕도 물론이지만 신미대사도 천재적인 소양을 갖추고 있었다는 점이다. 두 번째는 세상의 학문은 이 세상 사람들을 위한 것이었지만 신미대사에겐 죽음과 내세라는 이 세상의 학문이 담아 낼 수 없는 종교라는 별도의 사고영역이 있었다는 점이다.

한글이 창제된 이후, 신하들은 세종대왕의 한글 보급 정책에도 자꾸 딴지를 걸었다. 그때마다 세종대왕과 신하들 사이에는 격론이 벌어졌다. 세종대왕은 신하들의 주장을 귀담아 들으며 보다 이상적인 방안들을 모색했다.

세종대왕은 백성들이 법을 어기고 죄를 짓는 것이 그들만의 잘못만 있다고 생각하지 않았다. 백성들이 글을 배우지 못한 탓이라 여기며 그 모든 책임은 군주인 자기 자신에게 있다고 여겼다. 세종대왕이 백성들과 소통하며 가슴에 품고 있는 애민정신을 가다듬어 씨앗을 심고 꽃을 관리하고 열매를 맺게한 것이 인류 역사에 길이 빛나는 훈민정음이요, 오늘날 보통명사가 된 한글인 것이다.

한글 창제의 모든 책임자인 세종대왕은 비밀리에 창제 작업을 진행했다. 비밀 유지의 대상의 첫 번째는 중원의 대국을 자처하는 명나라였다. 두 번째는 유학 정신에 물든 완고한 보수층의 대신들이었다. 명나라와 보수층의 대신들 때문에 세종대왕은 철저하게 비밀을 유지하며 한글 창제 작업을 진행했다. 그 뒤에 그림자처럼 서서 조력한 사람 가운데 한 명이 바로 신미대사였다.

훈민정음이 창제된 이후, 언해본 편찬작업에 신미대사가 앞장섰다. 신미대사는 불경 편찬작업에도 열정을 갖고 임했다. 신미대사는 훈민정음의 보급이라는 국가적인 현안과 더불어 불교의 포교에 이바지했다.

한글의 창제와 보급 과정에서 선봉에 서서 반대하고 나선 학자가 최만리였다. 학문의 깊이가 깊었던 최만리를 상대하자니 세종대왕은 머리가 아플 지경이었다. 이럴 때 신미대사는 세종대왕의 든든한 우군이 되었다.

세월이 흘러 세종대왕은 생애를 마감했다. 불멸의 역사인물인 세종대왕도 뭇 사람들의 인생과 별로 다름없이 그저 때를 만나 저 세상으로 건너갔다.

세종대왕이 이승을 떠나기 전, 신미대사는 궁궐을 찾았다. 세종대왕은 신미대사에게 "임금과 불자로서 좋은 친구였다"며 그간 함께 한 세월의 고마움을 전했다. 신미대사는 세종대왕에게 이렇게 말했다.

"전하께서는 조선의 불교와 부처님 섬기는 일에 크게 앞장 서 주셨습니다. 전하 덕분에 백성들까지 부처님의 공덕을 높이고 불사는 크게 일어났습니다. 부처님을 위해 정말 큰일을 하셨습니다. 나무관세음보살"

신미대사의 이 말에 세종대왕은 "그저 대사께 고마움을 전할 뿐이오"라고 말했고, 신미대사는 "전하를 위해 계속 기도하고 있사옵니다"라고 답변했다.

그런 만남이 있은 뒤, 신미대사는 세종대왕을 다시는 보지 못했다.

필자의 저서인 월명 역사소설 '우국이세'는 위와 같은 스토리로 엮여있다. 세종대왕도 이승을 떠나고, 신미대사도 이승을 떠난지 아주 오랜 세월이 흘렀다. 훈민정음, 즉 한글 창제 과정에서 나눈 두 사람의 아름다운 인연은 앞으로도 여러 장르의 작품으로 형상화 될 것 같다. ⚖

5

공정과 정의

정조대왕의 공정과 정의

34 암살 위협에 시달린 정조 · · · · · · · 184
35 정적과 손 잡은 뛰어난 전략가 · · · · · · · 188
36 화성 쌓은 백성들에게 임금 지불 · · · · · · · 191
37 백성의 소리를 직접 듣는 격쟁 · · · · · · · 196
38 개혁 정치의 산실 규장각 · · · · · · · 200
39 공노비 폐지 기초 닦아 · · · · · · · 204
40 금난전권 폐지하다 · · · · · · · 206
41 탕평책을 계승·발전시키다 · · · · · · · 210

34

암살 위협에 시달린 정조

'역린(逆鱗)'이란 영화가 있다. 최성현 작가가 각본을 쓴 이 영화는 초이스컷 픽쳐스와 파파스 필름이 제작했다. 현빈, 정재영, 조정석 등이 배우로 출연했다.

2014년 4월 30일 개봉된 역린은 드라마 '다모', '패션 70's', '베토벤 바이러스'등으로 알려진 스타 연출가인 이재규 감독의 영화 입봉작이다. 배우 현빈의 군제대 이후 연기 복귀작이라서 더 화제가 되기도 했다.

'역린(逆鱗)'이란 용의 턱밑에 거꾸로 난 비늘을 뜻하는 말이다. 그것을 건드린 자는 용의 노여움을 사 죽는다고 알려져 있다.

영화 '역린'은 사도세자의 아들로 태어나 우여곡절 끝에 용상(龍床)에 앉은 정조의 역린을 건드리며 시작한다. 즉위 1년째 되던 해의 어느 날 밤, 존현각에 자객이 침입하자 정조는 즉시

수사를 지시한다. 그 격변의 하루 동안 스스로 살아야 하는 정조와 그를 살려야 하는 환관 상책과 왕을 죽여야 하는 청부살수 을수의 운명을 다룬 이야기다.

정조의 할아버지는 영조다. 영조는 조선왕조 제21대 왕이다. 1724년부터 1776년까지 조선을 통치했다.

경종의 뒤를 이어 어렵게 왕위에 오른 영조는 수많은 치적을 쌓았다. 그렇지만 정치적 혼란은 계속 되었다. 끊이지 않는 당파 싸움 속에서 영조는 자신의 외아들인 사도세자를 뒤주에 가두어 죽이는 끔찍할 일을 벌인다.

임금인 아버지, 즉 부왕의 손에 죽은 비극적 운명의 세자인 사도세자는 정조의 아버지다. 아버지 영조의 뒤를 이어 차기 국왕의 예약자인 사도세자가 뒤주에 갇혀 나이 스물일곱에 죽은 것은 참으로 비극적인 일이 아닐 수 없다. 더욱이 그는 엽기적인 방법으로 죽음을 맞이했다. 그래서 그의 비극은 끔찍한 잔상으로 아들인 정조의 의식 속에 남게 되었다.

영조는 나이 마흔한 살에 사도세자를 얻었다. 늦은 나이에 얻은 아들 사도세자를 끔찍이 사랑했다. 더욱이 사도세자는 혈맥이 끊길 위기 속에서 태어났기에 영조의 총애는 남달랐다. 영조의 바람대로 사도세자는 영민했고, 어려서부터 학문에 심취했다. 사도세자는 무인적인 기질도 타고 났다. 영조의 뒤를 이어 조선왕조를 이끌어 갈 세자로서 문무를 모두 겸비한 인물이었다.

그런 세자를 영조는 엽기적인 처형 방법으로 저 세상에 보냈다. 사도세자를 뒤주에 가두어 죽게 한 임오화변은 조선왕조 역사상 가장 비참한 사건 중의 하나였다. 사도세자가 뒤주 안에서 9일 만에 세상을 떠난 뒤, 영조는 세손인 정조에게 왕위를 물려 줄 채비를 했다.

비운의 왕세자 사도세자의 아들 정조는 1759년(영조35년) 세손에 책봉될 때까지 비교적 순탄하게 성장했다. 세자인 아버지 사도세자를 이을 차차기 임금인 왕세손에 걸맞는 대우나 교육을 받으면서 큰 탈 없이 성장했다. 그러나 1762년 생부인 사도세자가 뒤주에 갇혀 죽게 된 뒤, 정조의 인생은 비참하기 그지없었다. 사도세자가 뒤주에 갇혀 죽을 때 정조의 나이는 겨우 열한 살이었다. 어린 정조는 할아버지 영조에게 아버지 사도세자를 살려 달라고 울부짖었다. 하지만 할아버지 영조는 손자 정조의 간청을 들어주지 않았다.

그런 뼛속까지 사무치는 비애를 품어 안고 정조는 왕위에 올랐다. 영조의 둘째 아들인 사도세자와 혜경궁 홍씨 사이에서 맏아들로 태어난 정조는 나이 스물다섯에 조선왕조 제22대 임금이 되었다. 할아버지 영조가 죽은 뒤 왕위에 오른 정조는 숱한 위기를 맞는다.

정조의 생부인 사도세자를 뒤주 속 죽음으로 내몬 세력은 노론이었다. 정조는 그런 노론이 조정을 장악한 상태에서 왕위에 올랐다. 영조가 죽기 전 노론은 정조의 왕통 계승을 사활을 걸고 방해했다. 정조가 생부를 죽음으로 몰고 간 노론을 반드시 보복할 것으로 예상했다. 노론은 정조와 벌일 혈전을 준비했다.

정조는 암살 위협에 시달리게 된다. 실제로 정조를 향한 암살 시도는 여러 차례 진행된다. 그렇지만 정조는 늘 무사했고, 흔들림 없이 왕권 강화와 국정 개혁을 추진해 갔다.

35

정적과 손 잡은 뛰어난 전략가

조선 중기 사회와 정치를 주도한 세력을 가리키는 말이 '사림(士林)'이다. 본래 지방에 근거지를 가지고 있는 중소지주 출신의 지식인으로, 중앙의 정계에 진출하기보다는 지방에서 유향소(留鄕所)를 통해 영향력을 행사해 오던 세력이었다.

학문적으로는 경학을 중시한 사림은 길재의 학통을 이은 김종직이 김굉필, 정여창, 김일손 등의 제자를 배출하면서 그 세력이 커졌다. 성종 초에 김종직 등 영남 출신 선비들을 등용하면서 중앙정계에 진출하기 시작했다.

사림은 이전까지 중앙정치를 주도한 훈구파와 대립했다. 이로써 여러 차례 사화가 발생했다. 연산군 때 일어난 무오사화와 갑자사화, 중종 때 일어난 기묘사화, 명종 때 일어난 을사사화가 그런 대립의 결과물이다.

선조 초, 사림은 서인과 동인으로 분당된다. 서인은 이이와 성혼이 중심인물이고, 동인은 이황, 조식, 서경덕이 중심이다.

서인은 숙종 초, 노론과 소론으로 갈리고, 동인은 북인과 남인으로 나뉜다.

숙종의 집권 말기 이후, 정국은 노·소론의 정쟁이 중심을 이루었다. 경종·영조 때에는 노·소론의 당세가 정국을 양분하는 형국이었다.

영조 38년인 1762년, 사도세자 사건으로 노론은 벽파(僻派)와 시파(時派)로 갈라졌다. 시파는 사도제자의 불행한 죽음에 동정하는 당파였고, 벽파는 사도세자의 죽음을 당연한 처사라고 주장하는 당파였다.

시파와 벽파의 대립은 날이 갈수록 치열해졌다. 영조 말에는 벽파가 우세했으나 정조 때에는 시파가 득세했다. 사도세자의 죽음을 당연한 처사라고 주장한 노론 벽파는 당연히 사도세자의 아들 정조도 인정하지 않았다. 그렇지만 정조는 탕평책을 주장하며 자신을 왕으로 인정하지 않는 노론 벽파의 인물들을 등용했다.

정조 때 노론 벽파의 우두머리는 심환지였다. 문신인 그는 병과로 급제한 이후, 준엄하고 격렬한 언론을 펴고 의리와 공의(公議)를 강조해 몇 차례의 유배생활을 겪기도 했다. 그는 왕이 병이 나서 정무를 보기 어렵거나 어린 왕이 즉위할 때 왕을 보좌하던 원로대신으로, 정권을 장악하고 스스로 세도를 진정시킬 것을 자임했다. 그러나 실제로는 당동벌이(黨同伐異: 당적이 같으면 동지로 받들고 다르면 물리침)에 주력해 반대파 인물들을 크게 살육했다. 이 사건이 곧 신유사옥이다. 철저한 노론 벽파의 우두머리로 무고한 인명을 살육한 죄 때문에 죽은 뒤에 관직과 작위를 박탈 당했다.

정조는 이 심환지와 손을 잡았다. 비밀편지도 주고받았다. 이렇듯 정조는 왕위를 위협하는 반대파와 손을 잡기도 했다. 정조는 상상을 초월하는 뛰어난 전략가였다.

36

화성 쌓은 백성들에게 임금 지불

경기도 수원시 시내 한복판엔 조선 정조 때 세운 큰 성곽이 있다. 일명 '수원 화성'이다. 이 성곽은 우리나라 성곽을 대표하는 문화재로 세계적인 문화유산이다. 1997년 유네스코 세계문화유산으로 등재된 화성은 세계 최초의 계획된 신도시다.

수원시 팔달구 정조로 910(장안동)에 있는 화성은 사적 제3호다. 팔달산(143m)을 중심으로 쌓은 화성의 총길이는 5,700m에 달한다. 단순한 성이 아니라 역사적 의미와 함께 건축학적으로도 귀중한 문화유산이다.

정조는 아버지 사도세자의 넋을 위로하기 위해 묘를 서울의 전농동에 있는 배봉산에서 수원 화산으로 옮겼다. 사도세자의 묘를 옮기고 읍성인 화성을 짓도록 한 것이다. 이런 사연 때문에 화성은 정조의 효심이 낳은 성곽이라고 평가한다.

화성은 정조 18년에 축성을 시작했다. 공사는 정조 20년 9월에 끝났다.

화성 축성 과정은 '화성성역의궤(華城城役儀軌)'에 자세히 기록돼 있다. 이 화성을 축성하는데 큰 역할을 한 실학자가 다산 정약용이다. 다산은 성곽을 설계하고 거중기를 고안했다.

거중기는 화성을 지을 때 사용했던 정약용의 발명품이다. 다산은 정조의 명을 받아 도르래와 물레의 원리를 이용해 이 건설 기구를 개발했다.

건축 설계를 맡은 다산은 중국에서 들여온 '기기도설'이라는 책을 참고했다. 거중기는 다산의 설계한 다산이 만든 거중기는 40근의 힘을 가하면 625배나 되는 2만 5000근의 돌을 들어 올릴 수 있다. 그렇게 성능이 뛰어났다. 거중기 덕분에 공사에 참여한 백성들의 어려움은 줄어들었다. 공사 기간도 단축할 수 있었다. 당시 다산의 나이는 30대였다.

정조 18년인 1794년 2월에 축성을 시작한 화성은 2년 6개월 만에 완공됐다. 이 화성을 짓는데 정조와 다산은 당대에 동원할 수 있는 모든 능력과 기술을 집약시켰다. 어마어마한 규모의 화성을 짓는 데 2년 6개월 밖에 걸리지 않았다는 건 참 신기한 일이 아닐 수 없다.

화성의 성곽이 완성되자 정조는 축성의 전과정을 기록한 보고서

거중기
조선 후기 정조 때인 1794년 착공하여 1796년 10월 10일(음력 9월 10일)에 준공되었다.

수원화성 화서문

작성을 지시했다. 이렇게 해서 화성성역의궤가 만들어졌다. 이 의궤에 따르면 화성축성에 동원된 공장(工匠), 즉 연장을 가지고 물품을 만드는 일을 전문으로 하는 사람은 2만여명이었다. 사용된 벽돌은 모두 68만 여장이었다.

정조는 동원된 공장들에게 생활보장이 넉넉히 될 만큼의 임금을 지불하도록 했다. 궁중의 신하들은 축성에 필요한 일꾼을 강제로 뽑아서 무임금으로 일을 시키자고 했지만 정조는 이런 의견에 반대했다. 힘들게 살아가는 백성들에게 고통을 주기 싫어 품삯을 주고 인부를 고용했다. 그러자 인부들이 전국 각지에서 몰려 들었다. 정조는 화성 주변에서 상인들이 자유롭게 물건을 사고팔 수 있도록 허락했다. 덕분에 상공업이 발달했다. 정조는 또 화성을 지키는 병사들을 위한 조치도 했다. 병사들이 항상 머무는 곳에는 온돌을 설치했다.

37

백성의 소리를 직접 듣는 격쟁

조선시대에 임금이 백성들의 소리를 듣는 제도가 있었다. '신문고(申聞鼓)'였다.

1401년, 조선 태종은 백성들의 억울한 일을 직접 해결해 줄 목적으로 대궐 밖 문루 위에 북을 달았다. 이 북은 임금의 직속인 의금부 당직청에서 관리했다. 북이 울리는 소리를 임금이 직접 듣고 북을 친자의 억울한 사연을 접수해 처리하도록 했다. 억울함을 호소하려는 자는 서울에서는 주장관(主掌官), 지방에서는 관찰사에게 신고해 사헌부(司憲府)에서 이를 해결하도록 했다. 그런데 이 기관에서 해결이 안 되는 경우가 있었다. 이때 신문고를 직접 울리게 했다.

백성의 소리를 직접 임금이 듣는 신문고는 분명 훌륭한 민의 상달제도였다. 그렇지만 이 제도가 그릇되게 운영돼 부작용을 낳기도 했다.

정조는 수원 화성을 자주 찾았다. 이를 일컬어 정조의 화성행차라 한다.

1795년, 정조는 회갑을 맞은 어머니 혜경궁 홍씨와 함께 화성행차에 나섰다. 정조와 혜경궁 홍씨를 따르는 행렬은 장관이었다. 115명의 기마악대가 음악을 연주했다. 1,800여명의 신하가 뒤를 따랐다. 그 행렬의 길이는 1킬로미터에 이르렀다. 이런 행렬은 그림으로 남아 있다. 김홍도를 비롯한 당대 뛰어난 화원들이 그린 '반차도'다.

반차도는 조선시대 국가 의례에 참여하는 문무백관 및 각종 기물 등의 정해진 위치와 행사 장면을 묘사한 기록화다. 열을 지어 나아가는 행렬처럼 그린 행렬식 반차도와 의례 공간에서의 설위(設位) 반차를 글자로 표기한 배반도 형식이 있다.

'정조반차도'라는 이름으로 남아 있는 이 반차도는 정조의 화성행차를 그린 그림이다. 정조가 혜경궁 홍씨의 환갑을 기념해 아버지 사도세자가 묻힌 화성 현륭원(顯隆園)으로 행차하는 모습을 그린 그림이다. 이 그림을 그린 최종 책임자는 김홍도다.

1795년 음력 2월 9일부터 16일까지 8일 동안 진행된 정조의 화성행차엔 문무백관과 나인, 호위군사 등 6,000여명이 동원되었다. 정조반차도엔 이들 가운데 1,779명의 사람과 말 779필의 모습이 세밀하게 묘사돼 있다.

정조는 400척에 이르는 배를 잇대어 만든 배다리로 한강을 건넜다. 배다리는 작은 배를 한 줄로 여러 척 띄워놓고 그 위에 널판을 건너질러 깐 다리를 말한다.

7박 8일간 진행된 정조의 화성행차 첫날 새벽에 창덕궁을 나선 정조는 1,779명의 일행을 거느리고 노량진에 가설된 배다리를 건너 노량행궁에서 점심을 먹었다. 장승배기를 거쳐 시흥행궁에서 하룻밤을 묵었다.

둘째 날엔 화성행궁에 도착했고, 넷째 날 현륭원을 참배했다. 마지막 날 창덕궁으로 환궁할 때는 정조는 오늘의 노량진에서 배다리를 건넜다.

정조는 왕위에 앉아 있었던 24년 동안 총 66회의 행차를 가졌다. 그 가운데 수원 화성의 현륭원 참배는 12회였다. 사도세자의 묘가 있는 현륭원 참배를 위한 화성행차 중 규모가 가장 컸던 때가 바로 1795년 음력 2월의 행차였다.

정조가 화성행차를 할 때면 많은 백성들이 구경을 나왔다. 정조는 신하들의 반대를 무릅쓰고 길거리에서 백성들을 만났다. 정조를 만난 백성들은 자신들의 고통과 소망을 하소연했다. 정조는 백성들의 한 마디 한 마디에 귀를 기울였다. 백성들의 원성 중엔 관리들의 부당한 처사가 가장 많았다. 백성들은 불이익을 당할지도 모른다는 불안감을 느끼면서도 어렵사리 관아의 부당한 처사를 털어놓았다. 화성행차를 끝내고 궁으로 돌아온 정조는 접수된 백성들의 하소연을 사흘 안에 처리하도록 신하들에게 지시했다. 처리 기간이 길어지면 백성들이 불이익을 당할지 모른다는 판단에서다.

임금이 백성들의 소리를 직접 듣는 행위를 '격쟁(擊錚)'이라 한다. 이 제도는 조선시대 억울한 일을 당한 사람이 임금이 거둥하는 길가에서 징이나 꽹과리를 쳐서 임금에게 하소연하던 제도다. 신문고가 폐지된 뒤 이를 대신한 제도가 격쟁이다. 신문고처럼 격쟁도 함부로 하는 것이 금지됐다. 민폐에 관계되는 것이면 격쟁을 해도 무방했으나 사리에 맞지 않는 일로 격쟁을 하면 엄한 처벌을 받았다.

38

개혁 정치의 산실 규장각

　조선왕조의 문화중흥을 이끌었던 정조는 1776년 제22대 왕에 오르던 해 3월, '규장각(奎章閣)'을 설치했다. '규장(奎章)'이란 임금이 손수 쓴 글씨나 글을 지칭한다. 규장각은 조선시대 왕실 도서관으로 학술 및 정책을 연구한 관청이다. 중국의 제도에서 유래했다.

　궁궐 안에 설치된 규장각은 역대 왕들의 친필과 서화 등을 관리하는 것이 주요 기능이었지만 시간이 흐르면서 학술 및 정책 연구기관으로 변했다.

　정조가 규장각을 처음 설치한 것은 아니다. 세조 때 일시 설치되었으나 폐지되었다. 숙종이 설치를 계획했지만 뜻을 이루지 못했다. 군주의 권위를 절대화시키는 규장각의 설치를 유학에 조예가 깊은 신하들이 찬성하지 않았기 때문이다. 정조가 왕위에 오르자마자 규장각을 설치한 것은 외척 및 환관들의 역모와 횡포를 누르기 위함이었다. 정조가 세운 규장각은 단순히 서고 역할만 하는 기관이 아니다. 문화의 혁신과 정치 개혁의 산실이었다. 학문의 중흥을 위한 규장각은 정조의 친위세력 확대에 큰 도움을 주었다.

국내외 도서를 수집·보관·간행한 규장각의 학자들은 정조의 총애를 받았다. 당직을 서고 나면 아침과 저녁에 정조에게 문안을 드렸다. 이때 정조는 규장각 학자들과 많은 대화를 나누었다.

정조는 왕명의 출납을 맡아보던 비서실인 승정원이나 궁중의 경서나 문서 등을 관리하고 임금의 자문에 응하는 일을 맡아보던 홍문관에 등을 기대지 않았다. 규장각에 의지하며 자신이 의도하는 혁신정치를 추진했다.

백성의 삶을 살펴 정책에 반영하려는 정조는 당파나 신분의 구애 없이 젊은 인재들을 규장각에 모았다. 그 가운데는 양반 가문의 다산 정약용도 있었지만 박제가, 유득공, 이덕무 등 서얼들도 있었다. 조선왕조 개국 이후 재주와 학문이 뛰어나도 벼슬길이 막혔던 서얼들에겐 반가운 일이었다. 정조는 첩의 자식이라고 신분의 차별을 받던 서얼들의 입신출세도 도왔다.

정조는 규장각에 모여 있는 당대 최고의 인재들에게 외부의

창덕궁 후원의 조선 왕실 도서관 규장각

서울대에 위치한 규장각

입김이 스며드는 걸 경계했다. 고관대작들의 규장각 출입을 제한하며 정치적 간섭을 막았다.

　규장각의 학자들은 정조의 다양한 개혁정책을 백성의 삶에 실현 가능하도록 설계하고 연구했다. 정조 재임 기간 문예부흥을 주도하며 왕권의 안정도 뒷받침했다. 그러나 정조의 승하 뒤 규장각의 위상은 예전같지 못했다. 정치적 입지가 낮아졌다. 차츰 왕실 도서관으로서의 기능만 남게 되었다.

　1945 광복 이후, 규장각의 도서는 서울대학교로 옮겨졌다. 1992년 서울대학교 안에 '규장각'이 세워졌고, 이후 규장각은 한국학 연구의 센터 역할을 하고 있다.

39

공노비 폐지의 기초 닦아

'공노비(公奴婢)'란 관가에 속해 있던 노비여서 관노비라고도 한다. 왕실과 국가 기관 등 벼슬아치들이 나랏일을 보던 집인 관가에서 부리던 공노비는 최하층 신분이었다. 공노비는 세습돼 부모가 공노비면 그 자손들도 공노비였다.

흔히들 '공천(公賤)'이라고도 불리던 공노비는 전쟁 포로나 특정 범죄자 출신이 대부분이었다. 조선시대엔 반역, 난동, 강도 등 특정 범죄자들이 공노비가 되는 경우가 많았다.

물론 공노비도 독자적인 가계를 자유롭게 유지했다. 하지만 몸을 담고 있는 관가에서 주어지는 의무를 다해야 했다. 그러면서 세금도 부담했다.

공노비가 벼슬길에 오르는 길은 좁았다. 전쟁과 같은 국가 비상시에 큰 공을 세울 경우, 낮은 벼슬을 얻을 수 있었다.

그런데 이런 사례는 매우 드물었다.

정조는 공노비가 천민의 신분을 면하고 양민이 될 수 있는 기초를 마련했다.

정조의 아들 순조가 공노비제도를 폐지했다.

40

금난전권을 폐지하다

'시전(市廛)'이란 시장 거리의 가게를 이르는 말로 조선 시대에 지금의 종로를 중심으로 설치한 상설 시장을 말한다. 관아에서 임대해 주고, 특정 상품에 대한 독점 판매권과 난전을 금지하는 특권을 주는 대신 관아에서 필요로 하는 물품을 바칠 의무를 부과했다.

'육의전(六矣廛)'은 조선 시대에 한양에서 전매 특권과 국역 부담의 의무를 진 여섯 품목을 파는 시전을 말한다. 시전 상인 중 특히 비단, 명주, 무명, 모시, 종이, 어물 등 중요한 물건 여섯 품목을 파는 상인이 육의전이다.

'난전(亂廛)'이란 허가 없이 길에 함부로 벌여 놓은 가게를 말한다. 나라에서 허가한 시전(市廛) 상인 이외의 상인이 영업하던 불법적인 가게를 일컬어 난전이라고 했다. 점포가 없이 장사하는 난전은 세금도 내지 않았다.

금난전권은 허가받지 않은 상인의 난전을 금할 수 있는 권리다. 이런 권리는 조선 후기에 육의전이나 시전 상인들에게 주어졌다. 이런 권리를 갖고 있는 육의전이나 시전 상인들은 취급 상품을 독점적으로 사고팔 수 있었다.

조선시대 국가는 농업을 장려했다. 그러면서 상업은 통제했다. 이런 정책 때문에 한양에서는 규모도 있고, 점포도 있는 육의전과 시전 상인들만 합법적으로 장사를 할 수 있었다.

조선 후기 들어서 난전이 급증했다. 특산물을 쌀로 통일해 나라에 바치는 납세제도인 대동법(大同法)이 실시된 이후, 수공업과 상업이 발달해 점포도 없이 장사하는 상인들이 늘었다. 난전이 많아지자 육의전과 시전 상인들이 타격을 입었다. 이익이 줄자 육의전과 시전 상인들은 조정에 난전을 금지시킬 수 있는 권리를 달라고 요구했다. 조정은 이를 받아들였다. 금난전권은 처음에는 육의전에만 허용했다. 그러나 후에는 많은 시전들이 이를 행사했다

금난전권은 시전이 가진 본래적 특권이라기보다 시전상인들이 난전과의 경쟁에서 유리한 위치를 확보하려고 정부와 결탁해서 확보한 강력한 독점적 상업특권이다.

육의전을 비롯한 시전 상인들은 귀한 물건을 독점 판매했다.

채제공, 蔡濟恭 / 1720년 5월 12일 ~ 1799년 2월 22일
조선 후기의 문신이자 정치인. 정조의 강력한 반대에도 신해통공의 실시에 나섰다.

그러다보니 엄청난 이익을 챙겼다. 금난전권을 손에 쥔 시전 상인들이 물가를 올리자 한양 도성의 물건 가격이 천정부지로 치솟았다. 그런데다 조선 후기 이래 확대된 상품화폐경제의 발전을 가로막았다.

이런 폐해를 막기 위해 정조는 육의전 이외의 금난전권을 박탈했다. 육의전을 제외한 일반 시전이 가진 금난전권의 특권을 혁파하고, 육의전에서 취급한 상품을 제외한 모든 상품을 자유로이 판매하도록 했다.

나라가 인정한 상인 외에도 누구나 장사를 할 수 있도록 제도를 바꾼 임금이 정조였다. 민생의 안정을 갈망하던 정조는 시전 상인들에게 주어진 특권인 금난전권을 없애려고 궁리하다 결국 폐지해 버렸다. 누구나 자유롭게 장사를 할 수 있는 길을 연 것이다.

정조 15년인 1791년에 시행된 '신해통공(辛亥通共)'은 각 시전의 국역은 존속시키면서 도가상업에 대해 공식적으로 금난전권을 금지시킨 조치다. 당시의 좌의정인 채제공은 도가상업의 폐해를 지적하면서 육의전 이외의 모든 시전에게 금난전전매권, 즉 도가권(都價權)을 허용하지 말며, 설립 30년 미만의 시전은 이를 폐지할 것을 건의했다. 이 건의를 정조가 받아들였다. 이 덕분에 조선 팔도에 시장이 들어섰고, 상업은 더욱 활성화됐다.

41

탕평책 계승·발전 시키다

'무편무당왕도탕탕 무당무편왕도평평(無偏無黨王道蕩蕩 無黨無偏王道平平)'이라는 말이 있다. 동양의 고전 중 하나로 고대 중국의 정치 문서를 편집한 책인 '서경(書經)'에 나오는 말이다. '편도 없고, 당도 없어서 왕도는 탕탕하며, 당도 없고 편도 없어서 왕도는 평평하다'는 이 말에서 '탕평(蕩平)'이란 말이 나왔다.

'탕탕평평(蕩蕩平平)'은 '싸움, 시비, 논쟁 따위에서 어느 쪽에도 치우침이 없이 공평함'을 의미한다. 공정의 의미를 가득 품고 있는 이 말은 '탕평(蕩平)'이란 두 글자로 줄어들었고 '탕평책(蕩平策)'이라는 제도를 탄생시켰다. 이런 제도를 탄생시킨 사람은 조선 21대 임금인 영조였다. 영조는 당쟁의 폐단을 없애기 위해서 각 당파에서 고르게 인재를 등용하는 정책인

영조 어진 (21대 국왕)/ 1694년 09월 13일 ~ 1799년 02월 22일
(재위 : 1724년 08월 30일 ~ 1776년 03월 05일)

탕평책을 만들어냈다.

영조가 탕평책을 만들기 전, 탕평책 실시를 주장하자는 논의는 조선 19대 왕인 숙종 때 이루어졌다. 숙종 때의 문신이었던 박세채는 성리학자였다. 숙종 20년 좌의정에 오른 바 있는 박세채는 '황극탕평설(皇極蕩平說)'을 주장했다. 이후 탕평책은 조정에서 여러 차례 논의됐다.

영조는 노론의 지지를 업고 어렵게 왕위에 올랐다. 그렇지만 영조는 어느 한 당파의 임금이 되기 싫었다. 만백성의 임금이 되기 위해 영조는 탕평책을 실시했다. 그렇지만 영조의 탕평책은 온전한 것이 아니었다.

영조의 뒤를 이어 왕위에 오른 정조는 당파에 휩쓸리지 않는 군주를 원했다. 자신의 목숨을 노리는 정적과도 손을 잡고 초월적인 인재 등용에 나섰다. 신변의 안전과 안정된 정국을 이끌 수 있다면 당적과 색깔도 가리지 않고 심지어 걸어온 과거 발자취도 따지지 않았다.

'척신(戚臣)'이란 임금과 성이 다르나 일가인 신하를 말한다. 선대 임금들이 이런 신하들과 통치를 함으로써 불거진 폐해를 너무도 잘 알고 있는 정조는 척신들과 함께하는 정치를 지양하려고 늘 노력했다. 아버지 사도세자의 죽음도 그런 정치에서 불거진 비극이라고 여겼다.

정조는 숙종이 시행하려 했고, 영조가 실시한 탕평책을 꺼내 들었다. 1742년, 성균관 입구에 '탕평비'를 세우는 등 당쟁의 해소에 심혈을 기울인 영조의 탕평책은 뿌리 깊은 당파의 대립을 해소하지 못했지만 정조의 탕평책은 크게 달랐다. 자신의 거실을 '탕탕평평실(蕩蕩平平室)'이라고 부른 정조의 탕평책은 당파는 물론 서얼도 가리지 않는 인재 등용 정책이었다. 정조는 자신의 정적을 영의정에 앉히는 등 적극적으로 탕평책을 펼쳤다. 이로써 정조의 탕평책은 큰 효과를 거두었다.

정조의 탕평책은 의리, 즉 원칙을 준엄하게 지키는 탕평책이었다. 척신 중의 척신인 홍국영조차 몰아내는 원칙을 준엄하게 지키는 탕평책을 펼쳤던 것이다.

척신을 배제하고 당파를 불문한 정조의 탕평책은 조선사회에 큰 변화를 불러왔다. 정약용, 이덕무, 박제가 등 소외된 당파와 서얼 출신의 새로운 인재들을 등용함으로써 조선 후기의 정치와 문화의 르네상스를 실현했다.

'만천명월주인옹자서(萬川明月主人翁自序)'

정조가 집권 말기인 1789년에 직접 글씨를 쓴 '만천명월주인옹자서(萬川明月主人翁自序)'라는 교시가 창덕궁 존덕정에 걸려 있다. '모든 하천을 비추는 밝은 달빛 같은 존재가 곧 군주라는 뜻'이다. 정조의 탕평론을 들여다 볼 수 있는 문장이다. 이 문장을 깊이 헤아려 보자면, 정조는 만인을 평등하게 대하는 군주가 되고 싶었다. 그래서 정조는 당파와 신분을 떠나 능력 있는 인재들을 중용했던 것이다. 그렇게 등용시킨 인재들이 조선왕조의 정치적 틀 속에서 자리를 잡을 수 있도록 힘을 썼다.

물론 정조 역시 척신을 완벽하게 배제하고, 당파싸움을 완전히 없애는 이상국가를 건설하지는 못했다. 그렇지만 정조는 그런 이상국가를 건설하기 위해서 끊임없이 고민하고 노력했다.

오늘날까지 정조를 성군으로 여기는 여러 가지 이유 중 하나는 정적까지도 끌어들이려고 노력하며 불편부당한 통치를 하려고 애썼다는 점이다. 그런 노력의 정점엔 영조로부터 계승한 탕평책도 있는데, 정조의 탕평책은 단순한 탕평책이 아니다.

정조의 탕평책은 영조의 탕평책을 그저 물려 받아 계승한 것이 아니다. 정조는 새로운 방식으로 영조의 탕평책을 계승·발전시켰다. 당파를 가리지 않고 고루 인재를 뽑는다는 점은 영조의 탕평과 유사하다. 그렇지만 크게 다른 점이 있다.

정조는 여러 당파가 권력을 함께 나누어 먹는 형식의 탕평책을 쓰지 않았다. 당파 간의 수적 균형 맞추기식의 탕평책이 아니라 인재를 적재적소에 배치하는 탕평책을 썼던 것이다. 강력한 왕권을 유지하기 위해 당파간의 균형을 우선시 한 것이 아니라 당파를 초월하고, 신분을 초월해 사람의 능력과 사람 됨됨이를 따지는 탕평책을 썼던 것이다.

 영조와 사도세자, 그리고 정조로 이어지는 그 당시의 정치 지형을 살펴보자면 정조의 탕평책은 차원 높은 공정과 정의의 정책이 아닐 수 없다. 정조의 탕평책은 때론 목숨을, 때론 왕위를 내건 정치적 양보와 타협의 성과물이기 때문이다.

6

공정과 정의

다산 정약용의 공정과 정의

42 불멸의 실학자 다산 정약용 · · · · · · · 218

43 제도개혁안 '경세유표' · · · · · · · 221

44 관료 윤리지침서 '목민심서' · · · · · · · 224

45 다산의 정의론 '흠흠신서' · · · · · · · 226

42

불멸의 실학자 다산 정약용

다산(茶山) 정약용은 조선 후기 최고의 지식인이고, 실학의 집대성자다.

다산은 1762년 경기도 광주군 마현에서 태어났다. 아버지는 진주목사를 지낸 인물이다. 집안의 넷째 아들로 태어난 다산의 유년기 스승은 아버지였다.

나이 15세에 장가를 들어 한양 땅을 자주 출입하게 된 다산은 20대 초반에 입신출세의 길에 들어섰다. 나이 28세에 마지막 과거시험인 대과에서 2등으로 합격했다. 천주교 문제로 고행길로 나서기 전, 다산은 정조의 최측근이었다. 여러 관직을 두루 걸치며 다양한 행정 경험도 쌓았다.

1800년에 정조가 갑자기 세상을 떴다. 이때부터 다산의 고행은 본격적으로 시작됐다.

정조가 이승을 떠난 지 1년 만에 신유사화가 발생했다. 다음 해 겨우 목숨을 부지한 다산은 유배당했다. 18년 동안의 길고 긴 강진 유배 생활이 그렇게 시작되었다.

천주교에 대한 대탄압인 신유사화가 일어날 때 다산의 나이는 마흔이었다. 이 사화 때 다산은 대역죄인이 되었다. 손 위의 형 정약종과 조카사위 황사영은 참수를 당했다. 다산과 둘째 형 정약전은 간신히 목숨을 부지해 유배를 당했다. 다산은 강진으로, 형 정약전은 흑산도로 갔다.

다산은 유배지인 강진에서 학문에 매진했다. 긴 고난의 세월은 실학적 학문을 완성시키는 기회로 삼았다. 오랜 귀양살이는 실로 고통스러웠겠지만 조선왕조 최고의 실학자가 될 수 있는 자양분이 되었다.

유배 생활 초기 다산은 천주교 신자라는 이유로 지역 주민들로 배척을 받았다. 그러다보니 다산의 유배생활은 더욱 힘들었다.

힘들고 외로운 시절, 다산은 외부의 지식인들과 교류했고 제자를 길렀다. 그러면서 유교 경전 연구와 저술 활동에 돌입했다. '다산초당'에 몸을 담고 난 뒤 그의 저술 활동은 더욱 왕성해졌는데, 저술을 위해 다산이 섭렵한 서적은 천여 권이었다.

다산은 절망을 극복하고 방대한 저작을 내놓았다. 매우 성실했기 때문이다. 실제로 다산은 귀향살이를 시작한 이후 이승을 떠나는 무렵까지 저술 활동을 멈추지 않았다.

500여 권의 이르는 다산의 저서 대부분은 유배지인 강진에서 썼다. 1817년(순조 17년)엔 '경세유표(經世遺表)'를, 1818년(순조 18년)엔 '목민심서(牧民心書)'를, 1819년(순조 19년)엔 '흠흠신서(欽欽新書)'를 펴냈다. 그 가운데 경세유표는 미완성의 저서다.

18세기 실학사상을 집대성한 다산은 개혁과 개방을 통한 부국강병(富國强兵)을 주장했다. 그의 수많은 저서를 관통하는 핵심 키워드는 '개혁'이다. 그 방대한 저서의 30% 정도에 개혁론이 담겨 있다.

다산은 조선왕조가 직면한 위기를 해소하고 왕도정치가 실현되는 이상적 사회로 재편되기를 희구하면서 각종 개혁사상을 내놓았다. 그의 개혁사상은 정치, 경제, 사회, 문화, 사상 등 각 방면에 걸쳐 있다. 다산의 개혁사상은 위로는 국왕의 통치질서 강화에 협조하고, 아래로는 애민, 양민, 휼민 등의 질서를 확립하자는 민본의식의 실천에 맞춰져 있다.

18년 유배 생활 동안 그가 저술을 통해 주장한 정치·경제·사회적 개혁안엔 농민의 토지균점과 노동력에 의거한 수확의 공평한 분배, 노비제의 폐기 등도 포함돼 있다. 공정과 정의에 해당 되는 사안이다.

43

제도개혁안 '경세유표'

필사본으로 44권 15책의 '경세유표(經世遺表)'의 원래 제목은 '방례초본(邦禮草本)'이다. 일종의 제도개혁안이다. 행정 기구의 개편을 비롯해 관제, 토지제도, 부세제도 등 모든 제도의 개혁 방안을 제시한 책이다.

이(吏)·호(戶)·예(禮)·병(兵)·형(刑)·공(工)의 육전체제로 기술된 이 책은 경국대전 등의 체계로 엮어졌다. 정치, 경제, 사회 사상 등이 뒤섞인 이 책을 다산은 완성하지 못했는데, 육전체제의 형과 공에 해당하는 부분이 빠져 있다.

다산은 이 책을 통치질서의 근본이념을 세워 휘청거리는 조선을 새롭게 바꾸려고 저술했다. '서경'과 '주례'의 이념을 표본으로 하되 당시 조선의 현실에 맞도록 조정해 정치, 사회, 경제 등의 제도를 개혁하고 부국강병을 이루는 것에 목표를 두고 있다.

다산은 이 책에서 실학자답게 토지제도의 개혁과 민생 등의 문제도 다뤘다.

다산의 생존 당시 토지와 농업문제는 상당히 심각했다. 다산은 이 문제를 해결하기 위한 방안을 제시했다. 정전제의 실현 방법 등을 논하고 농민과 토지에만 국가의 부세가 편중되는 현실을 비판하며 개선책을 찾았다.

한편, 과거제 개혁안도 제시했다. 당시 입지가 커진 서얼, 중인, 부호층 등을 관료기구에 흡수할 수 있는 통로를 마련했다.

경세유표는 개혁정책 대안서라 할 수 있다. 임진왜란과 병자호란을 겪은 뒤 조선의 국가 재정은 어려웠고 백성들의 삶은 도탄에 빠졌다. 전염병도 자주 돌아 혼란은 계속 되었다.

이런 상황인데도 봉건왕조는 무능했고 당파 싸움은 끊이지 않았다. 국운은 계속 기울었다.

다산의 눈에 보이는 개혁 대상은 수두룩했다. 토지문제, 조세문제, 군대문제 등 민생을 도탄에 빠트리는 그릇된 정책을 바로잡는 개혁이 시급해 보였다.

전정·군정·환곡제도가 혼란스러워진 현상을 일컬어 삼정문란이라 한다. 조선 후기의 세금 제도인 삼정의 운영이 혼란스러워

백성들의 생활은 더욱 어려워졌다. 부패한 지배계층의 횡포는 기승을 부렸고, 농민 등 힘없는 약자들의 분노는 극에 달했다.

다산은 이러한 세태를 바로잡기 위한 개혁안을 내놓았다. 지주 제도의 폐해를 혁파하는 토지개혁론을 제시했다. 정전제(井田制) 등이 그것이다.

다산은 이 책의 앞머리에 이렇게 적어 두었다.

'터럭만큼도 병통이 아닌 것이 없는바 지금이라도 고치지 않으면 반드시 나라가 망할 것이다.'

다산은 경세유표에서 근본적인 개혁을 통해서만 국가와 사회가 유지될 수 있다고 주장했다. 다산의 경세유표는 국가개혁서다. 이 책엔 조선왕조의 현실을 감안해 공정하고 정의로운 국가를 건설하려는 강렬한 의지가 담겨 있다.

44

관료 윤리지침서 '목민심서'

'목민심서(牧民心書)'는 조선 목민관, 즉 수령이 지켜야 할 지침을 밝히면서 관리들의 폭정을 비판한 다산의 대표 저서다. 48권 16책으로 된 필사본이다.

'목민(牧民)'이란 '백성을 기른다는 뜻'이다. '목민관(牧民官)'은 백성을 가장 가까이에서 다스리는 '지방 고을의 원(員)이나 수령'을 뜻한다. '심서(心書)'란 '마음을 다스리는 글'이라는 뜻이다.

다산은 목민관인 아버지 덕분에 일찍부터 관리들의 삶을 지켜보았다. 현감, 군수, 부사, 목사 등을 지낸 아버지를 따라 여러 고을을 다니면서 지방행정의 실상도 눈여겨 보았다. 그런가 하면 다산은 33세 때 경기도에 암행어사로 파견되었다. 이 덕분에 지방행정의 문란과 부패를 깊이 들여다보았다. 또한 찰방, 부사 등의 벼슬을 하면서 지방행정을 경험했다.

다산의 목민심서는 수령의 임무가 얼마나 어려운가를 알리기 위한 책이다. 수령의 본분을 엮은 윤리지침서다.

다산은 이 책을 50대 중후반에 저술했다. 나이가 들어 학문적으로 완숙한 때 저술된 이 책은 조선 후기 지방의 사회 상태와 정치의 실제를 민생 문제 및 수령의 본분과 결부시켜 소상하게 밝히고 있는 명저다.

목민심서는 모두가 잘 사는 나라를 만들기 위한 윤리지침서다. 다산은 이 책에 백성들이 안녕한 삶을 누리도록 하기 위한 민생 개선안을 담았다.

다산은 이 책에 조선 후기의 제도와 법령, 그리고 피해 사례 등을 세세하게 기록했다. 이 덕분에도 오늘날에도 당시의 제도와 백성들의 생활 실태 등을 소상하게 알 수 있다.

당시 조선사회는 썩을 대로 썩어 있었다고 알려져 있다. 그런 세상에서 백성들의 삶이 안전할 수 없다. 더욱이 다산이 유배지에서 보고 듣고 느끼는 나라 꼴은 통탄스럽기 짝이 없었을 것이다. 어쩌면 찢어지는 가슴을 붙들고 나라와 백성을 위해 고민하던 다산이 짜낸 국가개조론이 바로 목민심서다. 도탄에 빠진 백성들을 구제하는데 당장 필요한 조치는 근본적인 변혁이었으리라. 삶의 현장에서 백성들의 안녕을 좌지우지 하는 자인 목민관의 도움이 필요하다는 판단에서 아마도 목민심서를 저술했을 것이다.

45

다산의 정의론 '흠흠신서'

'흠흠신서(欽欽新書)'는 다산이 저술한 형법서다. 30권 10책으로 구성돼 있다. 1819년(순조 19년)에 완성돼 1822년에 편찬되었다.

다산이 이 책을 집필하던 당시 형사사건에 대한 재판 과정이 공정하거나 정의롭지 못했다. 다산은 그 이유가 관료들의 무지에 있다고 보았다. 이 때문에 조사과정, 심리과정, 처형과정이 형식적이고 무성의 하다고 여겼다. 다산은 법률을 잘 모르고 올바른 판단이 서툰 관료 사대부들을 계몽하려고 이 책을 저술했다.

사람의 목숨과 관계되는 형사사건을 전문적으로 다루는 관료 사대부들의 무지와 무능을 경계하기 위한 형법서로 중국과 조선의 판례를 모아두고 다산 자신의 견해도 덧붙였다.

오늘 아침 살인사건이 발생했다고 가정해 보자. 이 사건을 담당하는 경찰이나 검찰 등은 초동수사부터 물샐 틈 없이 조치를 취해야 된다. 현장 조사도 완벽하게 해야 되고, 법의학도 동원해서 정확하게 사인을 밝혀야 된다. 그렇게 해서 범인을 잡아야 된다. 범인으로 지목된 피의자가 법정에서 부인할 수 없는 증거도 확보해 두어야 한다. 피의자가 범죄를 부인하지 못하도록 증인이 있다면 증인도 확보해야 될 텐데, 이 모든 과정과 조건들이 확실하고 완벽하지 않으면 오늘 아침 발생한 살인사건은 미궁에 빠지게 되고 엉뚱한 피해자가 나올 수 있다.

다산이 흠흠신서를 저술한 이유도 여기에 있다. 사람의 생명 등을 다루는 재판에서 정확하고 올바른 결과를 갈망하며 흠흠신서를 저술한 것이다. 이렇듯 흠흠신서는 다산이 꿈꾸던 공정한 나라의 정의로운 형법서다.

흠흠신서는 한국법제사상 최초의 율학 연구서로 평가받고 있다. 오늘날에도 살인사건을 심리하는데 들여다보는 중요한 고전이다. 법의학, 사실인정학, 법해석학 등을 포괄하는 일종의 종합재판학적 저서로 통한다.

일종의 형법 참고서인 흠흠신서는 지방관들에게 인간의 생명을 신중하게 처리해야 된다고 조언한다. 흠흠신서는 다산이 꿈꾸는 공정하고 정의로운 나라의 모형이 담겨 있다. 형을 집행하는 관료 사대부들이 정의를 어떻게 구현해야 되는지 그 방법과 선례들이 실려 있다.

　다산은 흠흠신서에 '정의가 무엇인가'라는 문구를 적어두지 않았다. 하지만 정의론이 화두가 된 현대의 시각으로 흠흠신서의 책장을 넘기다 보면 이 책이 분명 다산의 정의론이라는 사실을 깨닫게 된다. ⚖

7

공정과 정의

우리가 원하는 공정하고 정의로운 나라

46 반칙과 특권이 발붙일 수 없는 나라 ····· 232
47 개천에서도 용이 나오는 나라 ······· 235
48 높은 문화의 힘이 있는 나라 ········ 238

46

반칙과 특권이 발붙일 수 없는 나라

 2020년 1월 20일, 광주광역시 국립5·18민주묘지를 찾은 안철수 바른미래당 전 의원은 참배에 앞서 방명록을 적었다. 안 전 의원이 적은 방명의 내용이다.
 '독재의 벽을 부수고 민주화를 이루기 위해 고귀한 생명을 바친 님들을 추모하며 그 뜻을 가슴 깊이 새기겠습니다. 평화와 인권이 살아 숨 쉬는 나라, 공정한 사회, 반칙과 특권이 없는 세상을 만들어 진정한 진짜 민주주의를 실현하겠습니다.'
 안 전 의원이 언급한 '공정한 사회', '반칙과 특권이 없는 세상'. 이 가운데 '공정'은 제19대 대통령인 문재인 대통령이 자주 쓰는 단어이고, '반칙과 특권이 없는 세상'은 제16대 대통령인 (故) 노무현 대통령이 자주 썼던 문구다.
 (故) 노무현 대통령은 2002년 제16대 대통령선거 과정에서

이런 말을 한 적 있다.

"원칙이 바로 서야 국가의 기강도 제대로 설 수 있습니다. 도덕적 해이와 집단 이기주의를 극복하고 나라의 기강을 바로 세워야 합니다. 원칙이 성공하는 역사, 반칙과 특권이 발붙일 수 없는 국가를 만들어야 합니다. 그러기 위해 가장 먼저, 정치를 바로 세울 것입니다.

정치는 사회적 규범을 준수하고 원칙을 지키면서 사회갈등을 조절하고 반영하는 제 기능을 발휘할 수 있어야 합니다. 사회갈등을 치유하고 공적 이익을 위해 봉사해야 하는 정치 영역에서 특권과 반칙이 용인된다면, 사회와 나라의 기강도 제대로 설 수 없음은 자명한 일입니다. 고집스럽게 원칙을 지켜나가는 리더십에 기반하지 않고는 원칙의 고수는 불가능하며, 실질적 민주주의로의 전진도 불가능합니다."

(故) 노무현 대통령이 하늘 가는 길로 떠난 지 오래다. 올해가 14년째다.

(故) 노무현 대통령이 "반칙과 특권이 발붙일 수 없는 나라를 만들어 보자"고 외친지가 벌써 20년이 넘었는데 과연 우리나라는 원칙이 바로 서고, 반칙과 특권이 발붙일 수 없는 나라인가.

(故) 노무현 대통령은 "원칙이 성공하는 역사, 반칙과 특권이

발붙일 수 없는 국가를 만들어야 합니다. 그러기 위해 가장 먼저, 정치를 바로 세울 것입니다."라고 말했는데, 우리나라의 정치는 바로 섰는가.

 정치인들의 말과 행동이 다르고, 정치인들이 특권과 반칙을 서슴지 않는다면 공정하고 정의로운 나라 건설은 미몽에 그칠 것이다.

47

개천에서도 용이 나오는 나라

'개천에서 용 난다'는 속담이 있다. 지저분한 개천에서 신성한 동물인 용이 나온다는 이 속담은 '어려운 환경에서도 훌륭한 사람이 나올 수 있다'는 말이다.

예전에 우리 국민 대다수는 이 속담을 기억하며 참으로 열심히 살았다. 가난은 성공의 밑거름이고 자양분이지 결코 입신출세의 장애물은 아니라는 믿음을 갖고 근면성실하게 가슴에 품은 꿈과 희망을 향해 도전했다.

안타깝게도 요즘 이 땅의 청춘들은 '개천에서 용 난다'는 속담을 믿지 않는 듯 하다. 제 아무리 노력을 해도 개천을 벗어날 수 없고, 용은 커녕 이무기도 될 수 없다는 판단이 앞서 스스로를 포기해 버린다. 그 언젠가 금수저, 흙수저란 말도 생겼다.

금수저에 주눅이 든 청춘들, 잘난 부모가 제공하는 엘리베이터를 타고 명문대로, 좋은 직장으로 승천한 용들을 보며 자포자기 하는 청춘들, 학력과 경제적 능력, 그리고 정계 입문까지 대물림 되는 사회를 보면서 청춘들은 결혼도 포기하고, 출산도 포기 한다. 좋은 직장을 잡으려면, 좋은 대학에 가려면, 유치원 때부터 SKY행 학력 사다리를 한발 한발 올라가야 되는데 그럴 수 없다보니 어린 날부터 온몸으로 경험한 쓰디쓴 좌절과 패배감에 휩싸여 용이 되어 보겠다는 꿈을 꾸지 않는 것이다.

예전에 교육은 돈도 없고, 시쳇말로 '빽'도 없는 사람들이 용이 될 수 있는 마지막 보루였다. 이젠 더 이상 교육은 개천에서 용이 나올 수 있는 기회를 제공하는 마지막 보루가 아니다.

돈 없고, 능력 없는 부모를 만난 탓에 자괴감에 빠진 청춘들. 이들에게 국가는 무엇이고, 공정과 정의는 무엇이란 말인가.

학력과 직업, 그리고 계층이 대물림 되는 세상이다. 안타까운 일은 부모세대로부터 자녀세대로 이어지는 빈익빈 부익부의 대물림 사다리가 고착화 된다는 점이다.

개천에서 용이 나올 수 있는 나라는 우리와 관계가 없는 먼 나라의 얘기인가. 청춘들에게 튼튼한 '꿈의 사다리', '희망의 사다리'를 놓아 주고 "대한민국은 개천에서 용이 나오는 나라 입니다."라고 말할 수 있는 국가 지도자는 없는 것일까.

그 첫걸음은 뭐니뭐니해도 경제 정의를 실현하는 일이라고 여겨진다. 경제 활동에 있어서 개개인에게 균등한 기회를 보장하고 노력에 대한 정당한 보상을 하고, 부당한 경제 행위를 처벌하는 것이다. 물론 경제 정의 실현의 주요 항목엔 건전한 기업윤리도 포함해야 될 것이다.

그렇기는 하지만 공정한 자유경쟁이 이루어지지 않고, 헌신적인 직업윤리를 상실해 버린 타락된 자본주의 세상에서 경제 정의를 실현하기란 결코 쉬운 일은 아닐 성싶어 마음이 무거울 뿐이다. 그래서 우리가 '공정과 정의'를 외치는 것이 아닌가.

48

높은 문화의 힘이 있는 나라

 봉준호 감독의 영화 '기생충'. 2019년 5월 30일 국내에서 개봉된 이 영화엔 배우 송강호·이선균·조여정 씨 등이 출연했다.
 '기생충'은 2020년 아카데미상 시상식에서 각본상·국제영화상·감독상·작품상을 수상했다. 감독상과 작품상은 아카데미상 중에서도 가장 큰 상이다.
 빈민촌의 반지하에 사는 한 가족은 전원 백수로 살 길이 막막하지만 사이는 좋다. 장남이 명문대생 친구가 연결시켜 준 고액 과외 자리는 모처럼 싹튼 고정수입의 희망이다. 온 가족의 도움과 기대 속에서 장남은 글로벌 IT기업 CEO의 저택에 도착해서 젊고 아름다운 사모님을 만난다. 이렇게 영화 '기생충'의 발단이 전개 된다.
 이 영화는 오늘날 인류의 문제인 빈부 간의 갈등을 그렸다.

코믹과 스릴러를 등에 태우고 결말을 향해 거침없이 흘러간다.

영화 '기생충'은 한국 영화의 우수성을 전 세계에 알렸다. 아울러 한국을 문화강국으로 우뚝 세웠다.

그간 가수 싸이, 방탄소년단 등은 우리나라 대중음악의 우수성을 전세계에 알렸고, 드라마는 지구촌 구석구석에 한류 열풍을 일으켰다. 바야흐로 영화 '기생충'이 할리우드를 점령하는 쾌거를 이루었다. 칸영화제 황금종려상과 아카데미상의 여러 상을 거머쥔 '기생충'은 문화강국 대한민국의 저력을 세계만방에 떨쳤다.

한국의 문재인 대통령은 "우리 영화 100년 역사에 새로운 역사를 쓰게 된 것도, 새로운 아카데미 역사를 쓴 것도 아주 자랑스럽다"고 봉준호 감독 등 영화 '기생충' 제작진과 출연자를 격려했다.

그런데 미국의 트럼프 전대통령은 영화 '기생충'에 험담을 쏟아 낸 바 있다. 트럼프 전대통령은 콜로라도주 콜로라도 스프링스에서 열린 대통령 선거 집회에서 "그나저나 올해 아카데미시상식 정말로 별로였죠? '작품상이 한국 영화라고! 아니 왜?한국과의 무역 분쟁 때문에 이미 충분히 골치가 아픈데. 그런데 작품상을 줬다고? 기생충 영화 좋았나? 나는 모르겠는데. '바람과 함께 사라지다'이런 영화가 수상해야 하지 않나?..."라고 말했다.

트럼프 전대통령은 콜로라도뿐 아니라 라스베이거스에서까지 이틀 연속 영화 '기생충'을 험담하는 연설을 했다.

오스카 4관왕 영화 '기생충'에 대한 험담을 미국의 대통령이 늘어놓은 이유가 뭘까.

그 이유는 여러 가지겠지만 분명한 것은 한국 문화의 위상이 그만큼 높아진 탓도 있을 것이다.

백범 김구 선생은 이렇게 말했다.

"나는 우리나라가 세계에서 가장 아름다운 나라가 되기를 원하지, 가장 강한 나라가 되기를 원하지 않는다. 우리의 부력이 우리의 생활을 풍족히 할 만하고, 우리의 강력이 남의 침략을 막을 만하면 족하다. 오직 한없이 가지고 싶은 것은 높은 문화의 힘이다. 문화의 힘은 우리 자신을 행복하게 하고, 나아가선 남에게 행복을 주기 때문이다."

필자도 높은 문화의 힘이 있는 나라를 소망한다. 반만년 유구한 역사를 자랑하는 우리나라의 찬란한 문화의 꽃을 다시 개화 시키는 문화르네상스를 희망한다.

문화는 자연 상태에서 벗어나 일정한 목적 또는 생활 이상을 실현하고자 사회 구성원에 의하여 습득, 공유, 전달되는 행동 양식이나 생활 양식의 과정 및 그 과정에서 이룩해 낸 물질적·

정신적 소득을 통틀어 이르는 말이다. 의식주를 비롯해 언어, 풍습, 종교, 학문, 예술, 제도 따위를 모두 포함한다.

문화의 이런 사전적 의미가 있기에 필자가 소망하고 희망하는 높은 문화의 힘이 있는 나라는 정치문화, 기업문화, 교육문화, 복지문화, 노동문화, 통일문화 등등을 포함한 국민의 생활과 관련된 문화 전반에 활력이 넘치고, 그 속에 공정과 정의가 한강의 강물처럼 유장하게 흐르는 그런 나라다.

공정과 정의가 바로선 그런 나라를 꿈꾼다.

공정과 정의

초판 1쇄 인쇄 2022년 3월 1일
　　3쇄 인쇄 2022년 4월 10일

지은이　월명
발행인　김철홍
편집·디자인　유선 · 호야 · 박지연
출력소　프린팅파크

제작·인쇄　유진보라

펴낸곳　도서출판 희망꽃
　　　　서울시 중구 소공로1길 2번지
　　　　전화 02) 318-9231
　　　　출판등록 제2014년 000135호

ISBN 979-11-87521-35-8 (03300)
정가 15,000 원

- 잘못 만들어진 책은 교환해 드립니다.
　이 책은 저작권 법에 따라 보호받는 저작물로 무단전재와 복제를 금합니다.
　이 책 내용의 전부 또는 일부를 이용하려면 반드시 저작권자의 동의를 받아야합니다.